LA
POLYGYNIE SORORALE

ET LE

SORORAT DANS LA CHINE FÉODALE

ÉTUDE SUR LES FORMES ANCIENNES
DE LA POLYGAMIE CHINOISE

PAR

Marcel GRANET

Docteur ès-Lettres
Ancien élève de l'École Normale supérieure.
Directeur d'Études à l'École des Hautes-Études.

> « Je lui répondis qu'il voyait bien, à
> la proposition que je lui faisais, que ce
> n'était pas le bien qui m'amenait à lui,
> ni même sa fille que je n'avais jamais
> vue, que c'était lui qui m'avait charmé
> et que je voulais épouser avec Mᵐᵉ de
> Beauvilliers. « Mais, me dit il, si elle
> « veut absolument être religieuse?
> « Alors, répliquais-je, je vous demande
> « la troisième. »
>
> Saint-Simon. *Mem.*, Ch. VIII

PARIS

ÉDITIONS ERNEST LEROUX

28, RUE BONAPARTE, 28

1920

LA POLYGYNIE SORORALE
ET LE SORORAT DANS LA CHINE FÉODALE

ANGERS. — IMP. F. GAULTIER ET A. THÉBERT.

LA
POLYGYNIE SORORALE

ET LE

SORORAT DANS LA CHINE FÉODALE

ÉTUDE SUR LES FORMES ANCIENNES
DE LA POLYGAMIE CHINOISE

PAR

Marcel GRANET

Docteur ès-Lettres
Ancien élève de l'École Normale supérieure,
Directeur d'Études à l'École des Hautes-Études

> « Je lui répondis qu'il voyait bien, à
> la proposition que je lui faisais, que ce
> n'était pas le bien qui m'amenait à lui,
> ni même sa fille que je n'avais jamais
> vue, que c'était lui qui m'avait charmé
> et que je voulais épouser avec Mme de
> Beauvilliers. « Mais, me dit il, si elle
> « veut absolument être religieuse? —
> — Alors, répliquais-je, je vous demande
> « la troisième. »
>
> Saint-Simon. *Mem.*, Ch. VIII

PARIS

ÉDITIONS ERNEST LEROUX

28, RUE BONAPARTE, 28

1920

A LUCIEN HERR

LA POLYGYNIE SORORALE
ET LE SORORAT DANS LA CHINE FÉODALE

ÉTUDE SUR LES FORMES ANCIENNES DE LA POLYGAMIE CHINOISE

> « Je lui répondis qu'il voyait bien, à
> la proposition que je lui faisais, que ce
> n'était pas le bien qui m'amenait à lui,
> ni même sa fille que je n'avais jamais
> vue, que c'était lui qui m'avait charmé
> et que je voulais épouser avec Mme de
> Beauvilliers. « Mais, me dit-il, si elle
> « veut absolument être religieuse ? —
> « Alors, répliquais-je, je vous demande
> « la troisième. »
>
> SAINT-SIMON, *Mém.*, Ch. VIII.

I

INTRODUCTION. — FAITS MODERNES ET ANALOGIES ETHNOGRAPHIQUES

Voici comment mon attention a été attirée sur les faits
qui forment l'objet de ce travail. On sait que les mariages
se font en Chine sans que les fiancés se soient choisis ou
même qu'on leur ait donné l'occasion de se connaître un
peu ; entrés en ménage, maris et femmes se voient à
peine ; il n'y a point entre eux une intimité conjugale comparable à celle qui unit un couple de chez nous : c'est une
question de savoir si l'affection entre époux chinois peut
être nommée de l'amour. Est-ce un sentiment fait de ce
que chacun d'eux éprouve vivement le charme singulier
de l'autre ? Vient-il de l'attrait mutuel de deux personnalités qui se conviennent ? Ou bien cette affection n'est-elle

rien d'autre que le résulta d'une accoutumance ou d'une obligation ? Comme j'essayais de m'informer, il me fut une fois répondu que les époux chinois s'aimaient assurément de la même manière que les nôtres ; à titre de preuve une histoire me fut contée : c'était celle d'un mari à tel point amoureux de sa femme que, lorsqu'il la perdit, il demanda tout aussitôt à en épouser la sœur. — D'une autre manière qu'il ne pensait, mon informateur répondait à la question : il me montrait que les qualités que les Chinois apprécient le plus dans une épouse, ce ne sont pas celles qui sont individuelles, mais impersonnelles et familiales. Une chose me frappa surtout, savoir le mariage d'un veuf avec la sœur de la défunte : il était clair qu'on le considérait comme un témoignage suprême d'amour conjugal.

J'obtins à quelque temps de là une information analogue. Ce fut en revenant d'entendre, dans l'église de Pékin, la messe de Noël : j'avais tâché, non sans peine, d'expliquer ce qu'était la transsubstantiation à un Chinois fort instruit et d'esprit curieux ; il voulut me remercier de ma bonne volonté à lui découvrir l'un des rites les plus mystérieux de ma nation ; par courtoisie, sachant que je m'occupais de la famille chinoise, il m'en parla ; peut-être craignait-il que je ne jugeasse avec défaveur les usages de son pays, comme tant d'étrangers qui ont tout dit lorsqu'ils ont reproché aux Chinois d'avoir des concubines et de mépriser les femmes : « Ne croyez pas, me dit-il à peu près, que nos mœurs soient si différentes des vôtres. Chez nous, comme chez vous, quand un jeune homme demande une fille à son père, celui-ci prend des informations et des garanties pour que son enfant soit heureuse. Quand la famille de la jeune fille est considérable et qu'elle est en état de faire sentir le prix de son alliance, il n'est pas rare que l'on exige du prétendant qu'il s'engage à ne point prendre de concubines durant la vie de sa

femme ou encore, si elle meurt, à se remarier avec sa
sœur. » Ainsi, m'affirmait-on, un père pense protéger sa
fille en circonscrivant par avance à sa propre famille
l'avenir matrimonial de son gendre. A quoi pouvait tenir
cette faveur marquée pour les mariages des veufs et de
leurs belles-sœurs? Je tâchai de me rendre compte.

Il me fut facile de me convaincre, sur de nombreux
exemples, que l'union en secondes noces d'un veuf et de
la sœur de sa femme défunte était d'un usage général et
généralement bien vu. Qui plus est, certaines règles juridiques m'amenèrent à le considérer comme étant quasi-
ment obligatoire.

Les lois chinoises modernes, qui sont d'une sévérité
minutieuse en matière d'inceste, n'interdisent point un tel
mariage : ce n'est pas, comme on pourrait le croire d'après
ce que l'on sait de l'organisation agnatique de la parenté
chinoise, parce que l'union matrimoniale n'établit point de
liens entre le mari et les proches de sa femme. Bien que,
d'après le deuil porté, qui est le signe de la proximité
familiale, celle-ci paraisse médiocre entre le mari et la
belle-mère, la loi des Ts'ing leur interdit le mariage et
punit leur inceste de la peine de *strangulation immé-
diate* (1). De même l'union incestueuse avec la veuve d'un
oncle maternel est punie par un exil d'un an (2). Au contraire, on peut valablement épouser une cousine ger-

---

(1) P. Pierre Hoang, *Le mariage chinois au point de vue légal.* Varié-
tés sinologiques, n° 14, voir page 65. Le mariage est prohibé même s'il
ne s'agit point de la mère naturelle de la femme, mais de sa mère légitime 嫡母 (femme légitime de son père) — de sa marâtre 繼母
(femmes en secondes noces de son père), de la femme du père qui
l'a élevée 慈母 (mère d'affection), ou de la femme qui l'a nourrie
養母 (mère nourricière).

(2) Hoang, *Mar.*, p. 65.

maine, fille d'oncle paternel ou maternel de sa femme, ou
fille de tante paternelle ou maternelle de sa femme : et le
mariage avec la sœur de celle ci loin d'être défendu ou de
passer pour inconvenant « a été de tous temps en usage et
l'est encore parmi les princes et les grands (1) »

Il est curieux que la loi se relâche de sa sévérité pour
une telle union, et que celle-ci soit d'un usage constant :
il est plus curieux encore de constater que cet usage est
en relation avec une coutume qui surprend un juriste tel
que le P. Hoang (2). « Bien qu'il n'y ait aucune honte,
dit-il, pour une femme à épouser le mari de sa sœur, il
serait mal vu, dans la bonne société, qu'elle allât en visite
chez le mari de sa sœur. C'est ce qu'exprime le proverbe
阿姨不上姊夫門. (La cadette ne franchit pas la
porte du mari de la sœur aînée). » Cette coutume est signi-
ficative, mais autrement que le P. Hoang ne le pense : si
la sœur cadette évite tout contact avec le mari de l'aînée,
c'est qu'elle doit le considérer comme un fiancé éventuel.
On connaît cette règle de la pudeur chinoise : dès qu'une
jeune fille est en passe d'être mariée, elle est obligée de
fuir, non pas seulement son prétendu mari mais tout ce qui
peut en appeler l'image ; il faut qu'elle s'arrange pour ne le
point apercevoir, ni son portrait, ni ses parents, pour ne
point entendre prononcer son nom ou même lire le caractère qui le symbolise. Si pareils accidents arrivaient elle
devrait à son honneur de rougir ; témoin cette histoire
citée dans le Folk-lore chinois du P. Wieger (3) : Une
fiancée ressuscite dans le cadavre d'une femme mariée ; ce
n'est point à la vue du mari étranger qu'elle rougit, mais
quand accourent la visiter les parents de son prétendu. Et

(1) *Ibid.*, p. 55 et 56. Voir les exemples historiques indiqués par le
P. Hoang.
(2) *Ibid.*, p. 56.
(3) Wieger, Leon. S. J. *Folk-lore chinois moderne*, n° 19, p. 54.

ceux-ci considèrent cette rougeur comme une preuve d'identité valable en justice.

Ainsi, si une cadette qui, fréquemment, à la mort de l'aînée, est appelée à épouser son beau-frère devenu veuf, doit toujours s'abstenir de le rencontrer, c'est, sans doute, qu'elle est, en tous cas, obligée de garder la conduite qui convient à une fiancée prédestinée. Ne devons-nous point, dès lors, imaginer que le mariage en secondes noces avec la sœur de la femme défunte, si fréquent dans la pratique, a, en principe, un caractère obligatoire ?

Quand un Chinois se marie en secondes noces, s'il n'épouse pas sa belle-sœur, sa seconde femme n'en est pas moins considérée comme la fille des parents de la première épouse : à tel point qu'elle porte à leur mort le deuil que leur véritable fille eut dû porter (1). De même, il est d'usage que les enfants de la deuxième épouse portent le deuil des parents de la première et les fassent passer dans les cérémonies familiales avant leurs propres grands-parents (2) ; leur mère est en effet considérée comme entièrement substituée à la première épouse, elle en apparaît comme une espèce de sœur adoptive ; pour les parents de la défunte, elle est comme une fille retrouvée (3).

Les coutumes chinoi es modernes que je viens d'exposer ne se peuvent guère comprendre que si on les regarde comme les formes atténuées d'un usage ancien imposant au mari devenu veuf l'obligation d'épouser la sœur de sa première femme. Un tel usage doit être rapproché de

(1) Hoang, *Mariage*, (40) note 4.
(2) *Ibid.*, note 3.
(3) *Ibid.*, note 69. On notera les appellations données dans le peuple à la seconde femme 續閨女。接房女。填房女 : fille succédant dans la chambre à coucher.

l'usage antithétique connu sous le nom de *lévirat* : chez
les anciens Hébreux, par exemple, une veuve était obligatoirement mariée au frère cadet de son défunt mari. Cette
règle, célèbre pour avoir été pratiquée dans tout le monde
sémitique, a été étudiée par Robertson Smith dans son
ouvrage sur la parenté et le mariage dans l'Arabie
ancienne (1). Smith, grâce à cette intuition concrète qui
caractérise ses vues sur les phénomènes primitifs, a
vivement senti et mis en lumière les rapports du lévirat
et de la polyandrie fraternelle. Par la comparaison avec
les différents systèmes de polyandrie et en particulier
avec le système tibétain, Smith avait été amené à poser
le principe que le lévirat est une trace du mariage de
groupe tel que Mac-Lennan et Morgan en avait fait la
théorie. Moins systématiques, mais conduites avec une
admirable précision, les études de M. Rivers (2) sur les
Todas ont encore mieux établi les rapports du lévirat et
de la polyandrie fraternelle.

Le fait inverse, l'obligation d'épouser la sœur cadette
de la femme défunte, a beaucoup moins attiré l'attention.
Le premier, M. Frazer, dans *Totemism and Exogamy*, a
groupé un assez grand nombre de témoignages qui s'y
rapportent, et il a proposé de donner à l'usage le nom de
sororat (*sororate*) (3). Sororat et lévirat lui apparaissent
comme l'endroit et l'envers d'une coutume originale. « Si
le sororat, limité au droit d'épouser la sœur d'une femme
défunte, est certainement dérivé d'un droit ancien
d'épouser la sœur de sa femme vivante, il devient hau-

---

(1) W. R. Smith, *Kinship and Marriage in early Arabia* (édit. de 1903),
particulièrement chap. V.

(2) W. H. R. Rivers, *The Todas*, 1906, ch. XXII, particulièrement
p. 509 525.

(3) J. G. Frazer, *Totemism and Exogamy*, 1910, t. IV, p. 139 à
151.

tement probable que la coutume répandue par tout le monde du lévirat, laquelle oblige une femme à épouser le frère de son mari défunt, est, en même manière, dérivée d'un ancien droit d'épouser le frère de son mari vivant. Comme les deux coutumes du lévirat et du sororat sont communément pratiquées par les mêmes gens, nous semblons justifiés à conclure qu'elles sont les deux côtés d'une ancienne institution unique, savoir le mariage de groupe, dans lequel un groupe de frères épouse un groupe de sœurs et possède les femmes en commun. » (1)

Des documents venus du passé chinois permettent d'étudier avec quelque précision les faits qui ont intéressé Robertson Smith et M. Frazer. J'emploierai, dans leur étude, les définitions suivantes : j'appellerai *sororat* l'usage d'après lequel un homme est obligé d'épouser la sœur cadette de sa femme défunte et *polygynie sororale*, l'usage d'après lequel un homme s'unit, en un mariage, avec deux ou plusieurs sœurs (2).

Pour n'être point embarrassé dans l'analyse des documents par des difficultés de textes, je donnerai d'abord la traduction des principaux d'entre ceux-ci et passerai ensuite à l'étude des faits.

(1) *Ibid.*, p. 149.

(2) Je crois utile d'établir cette distinction que M. Frazer n'a point faite, ne fût-ce que pour apporter quelque précision au classement des faits. Au reste, il est bon de n'opposer sororat qu'à lévirat et, partant, de créer par opposition à l'expression consacrée de polyandrie fraternelle celle de polygynie sororale. J'ai adopté l'expression polygynie de préférence à polygamie parce que ce dernier mot laisse entendre que le recrutement des femmes multiples se fait à l'aide d'une pluralité de contrats. On verra au contraire que ce qui caractérise la polygynie sororale — au moins chez les anciens Chinois — c'est qu'il suffit d'un seul contrat pour créer des relations matrimoniales non pas entre deux mais entre plusieurs personnes.

II

RECUEIL DE TEXTES RELATIFS
A LA POLYGYNIE (1)

I. — Texte du Tsouo tchouan et commentaires annexes destinés à expliquer l'accession au pouvoir du duc Yin de Lou (721-711 avant J.-C.); pourquoi ce prince ne fut-il point considéré comme régnant pour son propre compte mais au nom de son frère Houan? Et pourquoi, en conséquence, les chroniques n'annoncent-elles point son avènement avec la formule ordinaire?

Tsouo. Yin. 1ᵉ *a.* (*Legge*, p. 3) (*Comp. SMT IV*, p. 106.) La princesse épouse principale du duc Houei était Mong Tseu 孟子 (*Tseu l'aînée*). Mong Tseu mourut ; on lui donna comme Suppléante 繼室 (*remplaçante à la chambre conjugale*) Cheng Tseu 聲子 qui enfanta le duc Yin. Le duc Wou de Song engendra Tchong Tseu 仲子 (*Tseu la cadette*). Tchong Tseu, à sa naissance, avait un signe sur la main disant : ce sera une princesse de Lou.

(1) J'ai groupé les textes de façon que ceux qui proviennent d'un même auteur soient placés côte à côte. On trouvera d'abord les textes d'ordre historique, puis ceux d'ordre littéraire, enfin ceux qui sont extraits des rituels. Je me suis arrangé pour que, les règles principales de l'usage étant d'abord énoncées, on trouve ensuite des faits portant témoignage que ces règles étaient effectivement suivies, pour que l'on prenne enfin connaissance des formes de détail du contrat polygynique et des coutumes de la vie domestique qui correspondent à ce type d'institution. En outre, les textes, comme je les ai disposés, apprendront les variations des usages polygyniques selon les différentes classes de la noblesse, seigneurs, grands-officiers, nobles ordinaires.

Les commentaires se rapportant à un texte cité sont placés sous le même numéro, affecté d'une lettre, et précédé du nom du commentateur. Pour les textes déjà traduits, j'ai renvoyé à la traduction. SMT = Sseuma Ts'ien, Mémoires historiques, trad. Chavannes. Tsouo = Tsouo tchouan, trad. Legge.

Aussi Tchong Tseu vint-elle chez nous comme épouse
[*fiancée d'abord au duc Yin, puis prise pour femme par
Houei, père de celui-ci, cf. SMT IV*, p. 106]; puis le duc
Houei mourut. Aussi le duc Yin établit-il comme héritier
et présenta-t-il en cette qualité *(le duc Houan) (tout en
prenant lui-même provisoirement le pouvoir).*

I *a* — *Tou Yu, ibid.* (*Tsouo*) dit : « la princesse épouse
principale » pour signifier qu'elle *(Mong Tseu)* était la
princesse épousée comme femme principale au premier
mariage *(du duc Houei)* 始適夫人. Tseu 子 est le
nom de famille (des seigneurs) de Song... Cheng est un
nom posthume. Cheng Tseu était sans doute la nièce ou
la sœur·cadette de Mong Tseu. Au premier mariage d'un
seigneur, les seigneuries du même nom de famille *(que
celle où il prend femmes)* envoient comme suivantes des
nièces et des cadettes 同姓之國以姪娣媵. Quand
la princesse épouse principale meurt, la princesse qui la
suit en dignité dirige à sa place les affaires de la Maison
intérieure 次妃攝治內事, mais, comme elle n'a pas
droit à l'appellation de 夫人 fou-jen *(princesse épouse)*,
on l'appelle la Suppléante... Les signes marqués par la
nature sur la main *(de Tchong Tseu)* semblèrent un ordre
du ciel : aussi la maria-t-on à Lou... Le duc Yin, fils de la
Suppléante, aurait dû succéder. A cause du présage faste
(de Tchong Tseu, mère de Houan), il *(le duc Yin)* accomplit
après la mort de son père le vœu de celui-ci et, comme le
duc Houan était encore trop jeune, il l'établit comme
héritier présomptif *(du duc Houei, mais non comme duc).*
Les chefs et le peuple de la seigneurie le reconnurent
comme tel à sa présentation. C'est pour expliquer que le
Livre *(des chroniques de Lou) (après les mots)* « la première année au printemps » ne dit pas « *(le duc Yin)*

accéda à la seigneurie » qu'est fait ce commentaire de
Tsouo.

1 *b*. — *Ho Hieou, ibid.* (*Fils*) principal 嫡 désigne les fils
de la princesse épouse principale ; (*parmi les fils de la
femme principale*) il n'y a pas d'inégalité de rang, c'est
pourquoi on choisit d'après l'âge (*m. à m.* : *la dentition*).

Fils 子 désigne les fils des suivantes de droite et de
gauche 右左媵 ainsi que des nièces et des sœurs
cadettes ; entre eux il y a des différences de dignité et il
faut veiller au fait qu'ils peuvent être du même âge ; c'est
pourquoi on choisit d'après la noblesse. Selon les Rites,
quand la princesse épouse principale n'a pas de fils, on
établit (*comme successeur*) (*le fils de*) la suivante de droite,
à défaut (*celui de*) la suivante de gauche, à défaut (*celui
de*) la nièce ou de la cadette de la (*princesse*) épouse principale, à défaut (*celui de*) la nièce ou la cadette de la suivante de droite, à défaut (*celui de*) la nièce ou la sœur
cadette de la suivante de gauche. Dans les familles de
gens simples 質家 (*dont le principe d'organisation est*)
traiter les proches en proches 親親, on établit d'abord
(*le fils de*) la sœur cadette. Dans les familles distinguées
文家 (*dont le principe d'organisation est*) traiter conformément à leur autorité ceux qui possèdent l'autorité 尊尊
(*l'autorité domestique, c. a. d. la branche aînée*), on établit
en premier lieu (*le fils de*) la nièce (*car la nièce doit être
une fille du frère aîné*). Quand un fils principal 嫡子
(*fils de l'épouse principale*) a un (*fils qui est le*) petit-fils
(*en ligne directe du propre père de ce fils principal*) et
que ce fils (*principal*) meurt, dans les familles de gens
simples (*dont le principe d'organisation est*) traiter les

proches en proches, on établit (*comme successeur du grand-père*) le frère cadet (*du fils principal*) ; dans les familles distinguées (*dont le principe est de*) traiter conformément à leur autorité ceux qui possèdent l'autorité, on établit d'abord le petit-fils (*représentant de la branche aînée*). Quand il naît des jumeaux, dans les familles de gens simples, on se fonde sur la (*première*) apparition et l'on établit le premier-né, dans les familles de gens distingués, on se fonde sur l'idée d'origine et l'on établit le dernier-né.

II. — Textes destinés à montrer pourquoi les chroniques de Lou font mention du mariage d'une cadette.

Tch'ouen Ts'ieou. Yin. 2ᵉ *a.* (*Legge*, pp. 8-10). En hiver, au deuxième mois, Po Ki 伯姬 (*Ki l'aînée*) alla comme épouse à Ki.

[*Po Ki,* (*fille aînée du duc Yin de Lou.*) (*Ki est une seigneurie de nom Kiang* 姜).]

II *a*. — *Tch'ouen Ts'ieou. Yin.* 7ᵉ *a.* (*Legge*, pp. 22-23). Au printemps, au troisième mois, Chou Ki 叔姬 (*Ki la cadette*) alla comme épouse (*secondaire*) à Ki.

II *b*. — *Tou Yu, ibid.* Chou Ki, sœur cadette 娣 de Po Ki : ce ne fut qu'à cette époque qu'elle alla comme épouse (*secondaire à Ki*). Elle attendit d'avoir l'âge (*requis*) dans le pays de ses parents 待年於父母國. Elle ne participa pas avec (*son aînée*) la femme principale à la pompe nuptiale 不與嫡俱行 ; c'est pourquoi on fait mention d'elle (*ici*).

II *c*. — *Ho Hieou* (*ibid. glose de Kong Yang*) Chou Ki est une suivante de Po Ki 伯姬之媵 ; à cette date (*seule-

ment, c'est-à-dire 5 ans après son aînée) elle alla *(comme épouse secondaire à Ki)* parce qu'elle attendit d'avoir l'âge dans le pays de ses parents. Une femme à partir de huit ans peut *(être désignée pour)* compléter le nombre 備數 *(des suivantes à fournir pour un mariage seigneurial)* ; à partir de quinze ans elle peut aller comme suivante ou femme principale 從嫡. A partir de vingt ans elle a l'honneur de servir son seigneur. Les suivantes sont de rang secondaire 媵賤 : on fait ici mention *(d'une suivante)* parce que Chou Ki dans la suite devint épouse principale 嫡 et eut la conduite d'une *(femme)* Sage.

11 d. — *Hiu Chen (gloses de Kou Leang, ibid)*. La nièce et la sœur cadette à partir de quinze ans sont capables de servir leur seigneur. Il convient qu'elles aillent à cet âge dans sa seigneurie 往. Quand elles ont vingt ans, il peut coucher avec elles 御.

[La plupart des glossateurs chinois estiment que, pour une femme, vingt ans est l'âge obligatoire du mariage. Or, si l'aînée est mariée à vingt ans précis, il y a quelque difficulté à admettre que ses suivantes, cadettes ou nièces, aient aussi, en même temps, vingt ans. Il est vrai qu'il ne s'agit point de sœurs au sens strict, mais de sœurs ou cousines et, en tous cas, qu'il ne s'agit point de sœurs de mère. Vraisemblablement, pour faire partie d'un même lot d'épouses, il devait suffire d'être de la même génération, et d'avoir reçu l'épingle de tête (symbole de la majorité) en même temps, d'être de la même promotion.]

III. — Textes relatifs aux suivantes envoyées à Po Ki, fille de la maison de Lou (de nom Ki 姬).

Tch'ouen Ts'ieou. Tch'eng. 8° *a.* (*Legge.* p. 366) (584 *av. J. C.*) Des gens de Wei arrivèrent avec la suivante 來媵. (*Wei* 衛 *est une seigneurie de nom* 姬 *Ki*).

III *a.* — *Tou Yu, ibid.* Autrefois la princesse épouse principale qu'épousait un seigneur et ses suivantes de gauche et de droite avaient chacune (*avec elles*) une nièce et une sœur cadette 適夫人及左右各有姪娣. Toutes appartenaient à des seigneuries de même nom ; elles étaient trois par seigneurie, soit en tout neuf femmes. Elles servaient à augmenter le nombre des descendants 所以廣繼嗣. Lou (*de nom Ki*) devant marier Po Ki (*Ki l'aînée*) à Song (*de nom Tseu* 子), des gens de Wei vinrent pour lui amener une suivante (*plus une nièce et une cadette*).

III *b.* — *Tsouo, ibid.* Des gens de Wei arrivèrent avec la suivante : contribution aux hommages rituels dus à (*Po*) Ki 共姬禮. En général, quand un seigneur marie sa fille, (*des seigneuries*) de même nom envoient des suivantes; celles de nom différent ne le peuvent pas. 嫁女同姓媵. 異姓則否.

III *c.* — *Tou Yu, ibid.* Il faut qu'elles soient de même nom, parce que (*alors*) toutes trois (*la femme principale et ses deux suivantes*) étant intimement liées par les liens du sang, les conflits sexuels sont apaisés 必以同姓者. 參骨肉至親. 所以息陰訟.

III *d.* — *Ho Hieou, ibid.* Selon les rites, un seigneur ne demande point qu'on envoie des suivantes (*à sa fille qu'il marie*). Les seigneurs, d'eux-mêmes, envoient des suivantes à une princesse (*de même nom*) 君不求媵．諸侯自媵夫人 ; à cause du renom de Sagesse de Po Ki, les seigneurs désirèrent à l'envi lui envoyer des suivantes.

III *e*. — *Tch'ouen Ts'ieou. Tch'eng*. 9° *a*. (583 *av. J. C.*) (*Legge*, p. 370). Des gens de Tsin arrivèrent avec la suivante. (*Tsin est de nom Ki comme Lou et Wei*).

III *f*. — *Tsouo, ibid*. C'était conforme aux rites.

III *g*. — *Tou Yu, ibid*. Parce que (ces seigneuries étaient) de même nom.

III *h*. — *Tch'ouen Ts'ieou. Tch'eng*. 10° *a*. (582 *av. J.-C.*) (*Legge*, p. 373). Les gens de Ts'i arrivèrent avec une suivante (*Ts'i n'est pas de nom* 姬 *Ki, mais de nom* 姜 *Kiang*).

III *i*. — *Tou Yu, ibid*. Quand d'un pays de nom différent, il vient une suivante, c'est contraire aux rites.

III *j*. — *Kong Yang*. Les suivantes (*d'ordinaire*) ne sont pas mentionnées (*dans les chroniques de Lou*). Pourquoi en fait-on mention dans ce cas ? c'est qu'on veut inscrire Po Ki dans les annales. Que de trois seigneuries il vienne des suivantes (*et non de deux seulement*), cela est contraire aux rites. Pourquoi (*cependant*) note-t-on le fait pour l'inscrire dans les annales à la louange de Po Ki ? Pour une femme, le grand nombre des suivantes constitue la magnificence : 婦人以眾多為侈也.

III *k*. — *Ho Hieou, ibid*. La suprême Sagesse de Po Ki fut la cause pour laquelle trois États rivalisèrent pour lui fournir des suivantes : on mit de la magnificence à ce qui pouvait lui donner du prestige. Seul le Fils du ciel épouse douze femmes. 唯天子娶十二女.

[Les princes de Lou, fiers de descendre de Tcheou Koug, usurpaient fréquemment les privilèges des Fils du ciel].

IV. — *Tch'ouen Ts'ieou. Tchouang.* 19ᵉ *a.* (675 *av. J.-C.*) (*Legge* p. 98).

Le Kong-tseu Ki accompagna à Kiuan la suivante 媵 de la femme d'une personne de Tch'en.

[Les commentateurs discutent pour savoir si « la personne de Tch'en » en est le seigneur, ou quelqu'un de rang inférieur : les mots employés donnent plus de poids à la deuxième opinion.]

IV*a.* — *Kong Yang, ibid.* Quand un prince se marie dans une seigneurie, deux autres seigneuries envoient des suivantes (*à sa femme*) et font (*chacune*) accompagner (*chacune de*) ces (*deux*) suivantes par une nièce et une sœur cadette. Une nièce est la fille d'un frère aîné 兄之子 ; une sœur cadette est une cadette 弟. Les Seigneurs en une seule alliance matrimoniale prennent neuf femmes 諸矦壹聘九女. Les seigneurs ne se remarient pas. 諸矦不再娶.

IV*b.* — *Ho Hieou, ibid.* On dit envoyer des suivantes 往媵 parce que, selon les Rites, un seigneur ne demande pas qu'on envoie des suivantes (à sa fille) 不求媵. Deux seigneuries, de leur propre mouvement, envoient des suivantes à la princesse 自往媵夫人. Cela est pour honorer cette princesse seule. On doit faire accompagner les suivantes d'une nièce et d'une sœur cadette. On désire faire en sorte que, si une femme a un fils, deux autres personnes s'en réjouissent 一人有子,二人喜也. Par là, en empêchant la jalousie, on augmente le nombre des descendants ; (*envoyer une nièce et une cadette est*) un moyen de pratiquer complètement (*à la fois les deux principes*) : « Traiter en proches ses proches » et « traiter conformément à leur autorité ceux qui possèdent une autorité. » (*Cf.* 1b). (*Un seigneur a neuf femmes, parce que*). neuf est le nombre limite du Yang 九者．極陽數也． Un seigneur ne se remarie pas, usage qui a pour but de régler les désirs humains 節人情 et d'ouvrir un avenir aux suivantes 開媵路．

V. — *Tch'ouen Ts'ieou. Siang.* 23ᵉ *a.* (550 *av. J.-C.*)(*Legge*, p. 500). Comme Tsin (*de nom Ki* 姬) allait marier sa fille à Wou (*de nom Ki*) le marquis de Ts'i (*de nom Kiang* 姜) envoya Si Kouei-fou accompagner une suivante.

V*a.* — *K'ong Ying-ta, ibid.* Selon les rites, les suivantes doivent être de même nom (*que la femme principale*). La femme principale doit être d'un autre nom que le mari. Dans le cas présent, Tsin marie une fille à un seigneur de même nom ; et Ts'i lui fournit une suivante de nom différent : tout cela est contraire aux rites.

VI. — *Tsouo. Tchouang.* 28ᵉ *a.* (*Legge*, p. 113). Le duc Hien de Tsin épousa deux femmes de la tribu des Jong, savoir Hou Ki 姬 et sa cadette 其娣, *cf. SMT, IV*, p. 259.

VII. — *Tsouo. Min.* 2ᵉ *a.* (*Legge*, pp. 126 *et* 129). Le duc Min était le fils de Chou Kiang 叔姜 (*Kiang la cadette*), sœur cadette 娣 de Ngai (*nom de temple*) Kiang.

[Toutes deux princesses de Ts'i, nom Kiang]. Cf. *SMT*, IV, pp. 111 et 113 : Ngai Kiang, par l'entremise de son amant, essaye de faire accéder à la seignèurie le fils de sa cadette.]

VIII. — *Tsouo. Wen.* 7ᵉ *a.* (*Legge*, pp. 247-249). Mou-po se maria à Kieou 莒 (*nom Sseu* 巳); sa femme Tai Sseu eut un fils nommé Wen-po ; sa sœur cadette 娣 Cheng Sseu eut un fils nommé Houei Chou (*Tai et Chéng, noms de temple*).

IX. — *Tsouo. Siang.* 31ᵉ *a.* (*Legge*, pp. 559-563). A la

mort du duc Siang, on établit comme successeur 1° le fils
de la fille des (barbares) Hou, King Kouei, 2° le fils de la
sœur cadette 姊 de King Kouei, nommée Ts'i Kouei.

X. — *Tsouo. Ngai.* 11ᵉ *a.* (*Legge*, pp. 823-826). Tsi s'était
marié avec une fille de Tseu Tchao (du pays) de Song,
dont la sœur cadette 娣 fut la favorite de Tsi. Quand
Tseu Tchao quitta le pays, K'ong Wen-tseu fit répudier
par Tsi sa femme, et lui donna une épouse de sa famille.
Tsi envoya un serviteur solliciter la cadette de sa première femme 誘其初娶之娣 et la logea à Li où il lui
bâtit un palais, tout comme s'il avait deux femmes 如二
妻 Wen-tseu se mit en colère et voulut l'attaquer.
Confucius l'en empêcha (Tsi, chassé de son pays à la suite
de débauches, est remplacé par son frère Yi, à qui l'on
fait épouser K'ong Ki, la fille de K'ong Wen-tseu, précédemment femme en secondes noces de Tsi.) — Cf. Kia
yu. Chᵉ 正論.

XI. — *Sseu-ma Ts'ien.* Mémoires historiques. Trad.
Chavannes, IV, pp. 58-59.

Composition du harem du duc Houan de Ts'i.

1° Trois femmes considérées comme princesses 夫人，
savoir Wang Ki, Siu Ki, Ts'ai Ki. 2° Six femmes traitées
comme des princesses : 如夫人者 savoir, l'aînée des
Wei Ki (exactement l'aînée des Ki de Wei) — la cadette
des Wei Ki — Tch'eng Ki, — K'o Ying — Mi Ki 密姬 —
Song Houa-tseu.

[Sur les neuf, deux sont assurément des sœurs,
savoir les filles de Wei ; six sont de nom Ki 姬,
deux de nom Ying, K'o Ying et Siu Ki, une de nom
Tseu. On notera que, bien que le nom des seigneurs

de Siu soit Ying, leur fille (qu'on devrait nommer Siu Ying) est appelée Siu Ki : le nom royal de Ki commence à être employé, à titre honorable, dans la composition des noms de princesses, à la place du nom de famille.]

XII. — *SMT, IV*, p. 68. *Le duc Ling de Ts'i marié à Lou (nom Ki) a eu, en outre, deux femmes nommées Tchong Ki et Jong Ki; Jong Ki était la favorite.* « Lorsque Tchong Ki enfanta un fils nommé Yu, elle le remit à Jong Ki, qui demanda qu'il fût nommé héritier présomptif. » *Le fils de la princesse de Lou, ayant en fait réussi à prendre le pouvoir, fit tuer Jong Ki.*

XIII. — *SMT, IV*, p. 78, nomme, parmi les femmes du duc King de Ts'i, Yen Ki et Jouei Ki.

XIV. — *SMT, IV*, p. 178, cite parmi les femmes du duc Ngai de Tch'en, Tchang Ki (Ki l'aînée) et Chao Ki (Ki la cadette) (princesses venues de Tcheng, cf. *Tsouo. Tchao.* 8ᵉ *a.*) plus deux concubines désignées comme l'aînée et la cadette.

XV. — *SMT, IV*, p. 192. Le duc Tchouang de Wei 衛 épouse des filles de Ts'i (nom Kiang) et de Tch'en (nom Kouei). De Tch'en lui viennent une aînée et une cadette 女弟. Toutes deux ont un fils; la cadette meurt; le duc donne l'enfant à la fille de Ts'i, en lui ordonnant de le considérer comme son fils 令夫人齊女子之 (glose 養之爲子).

XVI. — *SMT, IV*, p. 239. (*Le Roi Tch'eng de Tch'ou ayant secouru le seigneur de Tcheng, qui l'invite à un banquet*), Le roi enleva deux filles du seigneur de Tcheng 取鄭 二姬以歸 pour les emmener comme épouses.

Il est blâmé pour avoir procédé avec violence et n'avoir pas respecté

« les règles de la séparation des sexes 無別 qui exigent que l'on procède au mariage par entremetteur. »

XVII. — *SMT, IV*, pp. 257 et 259. Le duc Hien de Tsin
marié à Ts'i Kiang a de plus deux femmes Ti, une aînée,
une cadette 娣, deux femmes Li Jong, Li Ki et sa cadette.

XVIII. *SMT, IV*, p. 289. Le duc de Ts'in donne à Tch'ong-
eul prétendant de Tsin cinq filles de sa famille 宗女五
人 et, parmi elles, la femme précédemment mariée à
Yu, neveu de Tch'ong-eul.

XIX. — *SMT, IV*, p. 366. Le roi Ling de Tch'ou meurt
dans la maison de Chen Hai. Chen Hai le fait suivre dans
la mort par ses deux filles et les enterre avec lui. 以二
女從死並葬之.

XX. — *SMT, V*, p. 68. Wou Kouang, voulant faire
entrer sa fille dans le gynécée du roi Wou Ling de Tchao,
y réussit par l'intermédiaire de la princesse femme principale du roi 因夫人內其女.

XXI. — *SMT, I*, p. 53. (*Yao*) lui donna (*à Chouen*) en
mariage ses deux filles 妻之二女, *cf.* V, p. 73, *IV*,
p. 169 *et IV*, p. 26 妻之以二女.

XXIa. — *Mencius V*, 2. (*Legge*, pp. 222-223), *cf. SMT, I*,
p. 75. (*Le frère de Chouen, Siang, tente d'assassiner Chouen
et, croyant avoir réussi, distribue ainsi l'héritage :*) « Que
les bœufs et les moutons soient à mon père et à ma mère !
Que le magasin et le grenier soient à mon père et à ma
mère ! Que le bouclier et la lance soient à moi ! Que le
luth soit mien ! Que l'arc soit mien ! Que les deux femmes
prennent soin de mon lit. »

XXII. (Textes relatifs à la conception miraculeuse de Kien Ti,
SMT, I, p. 173. Kien Ti était épouse de second rang de

l'empereur Kou ; elle alla se baigner avec deux femmes (*ses suivantes*).

XXII *a*. — *Glose du Tchou chou ki nien*. Kien Ti, à l'équinoxe de printemps, le jour du retour des hirondelles, alla à la suite de l'empereur (*Kou*, son mari), faire le sacrifice Kiao Mei (*sacrifice fait dans la banlieue au dieu du mariage*) ; elle se baigna avec sa sœur cadette 與其妹 dans la rivière du tertre Yuan.

XXIII. — *SMT, III*, ch. 207 (*edit. de Chang-hai*, ch. 23 *p*, 5 *r°*) (*cf. Biog. de Kouan Tchong, ibid.*, ch. 62, *p*. 1, v° *et Louen yu, III*, 22).

Dans la maison de Kouan Tchong, il y avait un lot complet de (*m. à. m. trois arrivées de femmes*) femmes venues de trois familles différentes. 管仲之家．兼備三歸．

XXIII *a*. — *Tsi Kiai* (*citant Pao* 包) : Trois arrivées de femmes (*veut dire que*) : il avait épousé des filles de trois familles. Pour une femme, se marier se dit Kouei 歸 (*arriver*). 三歸．取三姓女也．(*Noter : Sing = famille et non pas nom de famille*).

XXII *b*. — (*SMT, Biog. de Kouan Tchong*) Kouan Tchong, en abondance, égalait les maisons princières : il avait des femmes venues de trois familles et une crédence (*où les visiteurs déposaient leurs tablettes de jade*) 管仲 富擬於公室．有三歸反坫．

XXIII *b*. — (*Louen yu ; glose au texte.*) 禮大夫雖有 妾媵嫡妻唯娶一姓．今管仲娶三姓之女． 故曰．有三歸． Selon les rites, les grands-officiers, bien qu'ils aient des femmes secondaires, des suivantes (= *la sœur cadette et la nièce de leur femme principale*) et une femme principale, prennent cependant femmes dans

une seule famille. Kouan Tchong avait pris pour femmes
les filles de trois familles, c'est pourquoi le texte dit :
trois arrivées de femmes.

[Exemple d'usurpation : de même que pour Po Ki
(cf. III), dans un mariage seigneurial, on employa les
règles particulières au mariage du Fils du Ciel, de
même Kouan Tchong se maria selon les rites des
seigneurs régnants, c'est-à-dire qu'il prit non pas un

groupe de trois femmes 一歸 (deux sœurs, aînée
et cadette, plus une nièce), mais trois groupes de
trois femmes, venus de trois familles différentes

(exactement de branches familiales différentes 氏,

mais de même nom de famille 姓). — Noter le mot

備 compléter qui est d'un usage régulier pour
exprimer que le groupe de femmes est au complet,
cf. Kiu li, II. 3 in f.].

XXIV. — *SMT, I,* p. 265 *et Kouo yu, Tcheou yu, I, 2*
(Textes identiques a quelques graphies près : 共 *pour* 恭
et 游 *pour* 遊. *Dans le texte de SMT un caractère* (不)
*s'est glissé, par raison de symétrie, enlevant tout sens à la
phrase.* « Le roi Kong alla se promener sur la rivière
King. Le duc K'ang de Mi l'accompagnait. Il y eut trois
filles qui s'unirent à lui 有三女奔之. Sa mère lui dit :
« Il vous faut les offrir au roi. Les animaux, dès qu'ils sont
trois, forment un troupeau (*kiun* 羣) ; les hommes, dès
qu'ils sont trois, forment une assemblée (*tchong* 衆) ; les
femmes, dès quelles sont trois, forment une parure (*ts'an*
粲) (sur ce mot, voir *T'ang fong V vers* 16 *et la glose : trois
filles forment un ts'an : les grands-officiers ont une épouse*

et deux femmes secondaires). Un roi à la chasse ne prend pas un troupeau (= *trois animaux).* Un seigneur en voyage descend de voiture devant une assemblée (= *trois hommes* : Cf. *Li Ki. Kiu li, I,* 5.) Un roi, parmi ses femmes,

(*m. à m. les personnes avec qui il couche* 御). n'a pas trois personnes (*qui, étant déjà de la même branche familiale, soient encore*) de la même génération 王御不參一

族. Une parure (= *ts'an : de trois femmes)* est chose de prix. On vous a remis cette chose de prix ; mais quelle

Vertu avez-vous pour la mériter 何德以堪之. Un roi lui-même n'a pas assez de mérite (*pour l'avoir*) ; à plus forte raison, vous, petit vilain ! Un petit vilain qui thé-

saurise finira à coup sûr par disparaître 小醜備物. 終

必亡. » Le duc K'ang ne fit point hommage de ces femmes au roi. La même année, le roi détruisit (*sa seigneurie de*) Mi. »

XXIV *a.* — *Même texte au* Kou lie niu tchouan (*section*

仁知. *Biog. de la mère du duc K'ang de Mi*) — *avec un passage tombé et un commentaire.*

..... Or, une parure, qui est une chose de prix, vous a été remise..... Le sage dit : La mère (*du duc*) de Mi eut le talent de discerner les signes mystérieux de l'avenir. — Le Che King dit (*Kouo-fong. T'ang fong 1 in f.* : *pièce chantée aux fêtes automnales, cf. Fêtes et chansons anciennes,* Le rythme saisonnier) : « Pourtant gardons la mesure — songeons aux jours de chagrin! » Tel est le sens de cette histoire *(du duc K'ang).* — L'éloge dit : I - mère du duc K'ang de Mi discernait d'avance le succès et la ruine. Elle blâma le duc K'ang de recevoir une

parure et de ne point l'offrir (*l'envoyer* 歸 : *terme carac-*

téristique des envois de femmes) au roi Kong. Un seigneur en voyage descend de voiture devant une assemblée (= *trois hommes*). Quand on a la plénitude des biens, on la réduit 物滿則揖. Elle eût voulu que le duc fît hommage (*de sa parure de trois femmes au roi*); elle ne fut point obéie : Mi devait disparaître.

XXIV *b.* — *Notes extraites des gloses de Wei Tchao au Kouo yu.* 一族父子也 : L'expression *Yi tsou* doit s'entendre par *une génération* (cf. *l'expression* 九族 *les neuf générations allant du trisaieul au fils de l'arrière-petit-fils)* 三女同姓也, les trois filles étaient de même origine familiale (cf. *glose de Wang Yuan-souen* 王遠孫 in 國語發正 *HTKK ch.* 529 : 姓 veut dire *naissance* : 姓之言生也. — 同姓 équivaut à *la même naissance* : 同姓猶言同産矣). On prend les femmes d'origine familiale différente (c'est-à-dire : *on ne les prend pas toutes du même père*) pour compléter (*le lot régulier de)* trois femmes 取異姓以備三.

XXIV *c.* — *Tsi Kiai, SMT, I, p.* 265. 一族. 一父子也. 故取姪娣以備三. 不參一族之女也. *Yi tsou* : doit s'entendre par *une seule génération* : Pour compléter le nombre régulier de trois femmes (*prises dans une branche familiale*) on prend (*avec la femme principale) sa sœur cadette (qui est de la même génération qu'elle) et sa nièce (qui est d'une autre origine familiale* 異姓 : *d'une génération différente*); on ne les prend pas toutes les trois de la même génération.

XXIV *d.* — *Li Ki. Kiu li II inf.* 納女於天子. 曰備

百姓．於國君．曰備酒漿．於大夫曰備掃灑 Quand on fait entrer une fille dans le gynécée du fils du ciel (*glose* : 納 : 致 *offrir*), (*on la lui présente*) en disant (*qu'elle vient*) compléter le nombre (*des femmes destinées à accroître le nombre*) de ses descendants (*glosé* : 廣子姓). Quand on fait entrer une fille dans le gynécée d'un seigneur (*on la lui présente*) en disant (*qu'elle vient*) compléter le nombre (*des femmes chargées*) des offrandes (*aux ancêtres*) Quand on fait entrer une femme dans le gynécée d'un grand-officier, (*on la lui présente*) en disant qu'elle vient compléter le nombre (*des femmes chargées*) des soins du balayage (*du temple ancestral*).

[Texte qui montre la valeur consacrée du terme 備 *compléter le nombre* régulier des épouses attribuées par le protocole à chaque degré de la hiérarchie féodale. — Les formules rappelées par le texte du Kiu li étaient employées lors d'une cérémonie, faite trois mois après la pompe nuptiale, et où la famille des femmes épousées en faisait la livraison définitive au mari 致女 cf. *Tsouo*. Tch'eng. 8ᵉ a. L'expression 備數 figure dans le mémoire additionnel du chapitre du mariage du Yi li : Quand on lui *demande le nom* 問名, le père de la fille répond : Monseigneur, puisque vous l'ordonnez, (*que vous voulez*) qu'elle complète le nombre des épouses 備數 et que vous l'avez choisie, (*moi*), un tel, je n'oserai pas m'y refuser. (*Je ne comprends point la traduction donnée par Steele de ce passage II*, p. 37.) *Comp. XXVI*]

XXIV. Note 1. Le texte a évidemment pour but de montrer les raisons de la destruction de *Mi* : il est clair que cette destruction est mise en rapport avec une affaire de femmes. Souvent, en effet, les femmes étaient considérées comme les causes de la ruine des seigneuries : témoin le texte du Kouo yu, Tcheou yu II, 1. Dans ce texte, précisément, il est dit que la ruine d'un État nommé Mi-siu vint d'une femme nommée Po Ki 伯姞 (Ki l'aînée). Or, les seigneurs de Mi-siu étaient de nom Ki 姞 : ils périrent donc, selon ce texte, pour avoir violé la règle d'exogamie. Un commentateur du Kouo yu, Wang Yuan-souen (*in Kouo yu Fa tch'eng* HTKK 629) fait, *sous forme dubitative*, l'hypothèse que Po Ki était peut-être l'une des trois femmes épousées sur la King par le duc K'ang de Mi 伯姞 盡三女中一人. Cette hypothèse suppose l'identification de Mi et de Mi-siu. Or, 1° il est étrange que le Kouo yu et Sseu-ma Ts'ien écrivent ici Mi et non Mi-siu, alors que par ailleurs ils parlent de Mi-siu (*Kouo yu. Tcheou yu II* 1. *SMT IV* p. 37) ; 2° Wang admet qu'il s'agit, dans le texte qui nous occupe, de Mi-siu parce qu'il y est parlé de la rivière King 涇, qui, selon lui, coule dans le Kan-sou, préfecture de Ping-leang, sous-préfecture de Ling-tai ; c'est là que se trouverait aussi, selon lui, la tombe du duc K'ang : et ce serait là que, sous les Chang, aurait existé le fief de Mi-siu. S'il en était ainsi, il faudrait que Wei Tchao se fût trompé lourdement, car, pour lui, Mi, seigneurie de nom Ki 姬, se trouvait dans le Ho-nan, préfecture de K'ai-fong, à 70 *li* à l'est de la sous-préfecture de Mi ; 3º Bien avant la naissance du roi Kong et du duc K'ang, la principauté de Mi-siu avait été détruite par le roi Wen : SMT IV p. 37 ; fait historique particulièrement sûr puisqu'il est affirmé par le Che King (*Ta ya* I, 7. *Couv.* p. 338) ; 4º Dans la période Tch'ouen Ts'ieou, qui est celle où vécurent K'ang et Kong, il n'est question que de Mi et point de Mi-siu. Sseu-ma Ts'ien mentionne une princesse de Mi comme faisant partie du harem du duc Houan de Ts'i (cf. XI). On peut voir qu'elle était à peu près sûrement de nom Ki 姬 : elle est appelée en effet 密姬. Ainsi il est pratiquement certain que la chute de Mi ne provint ni de Po Ki ni d'une violation de la règle exogamique.

XXIV. Note 2. — En tous cas, le texte explique la ruine de Mi autrement. Elle vint de ce que le duc K'ang épousa trois filles d'un même Tsou 一族. Wei Tchao donne à cette expression une valeur équivalente à 一姓. Sous l'influence de Wang Yuan-souen, on pourrait être tenté d'admettre qu'il faut traduire 王御不參一族 : « un roi, pour femmes, n'en a pas trois de la même famille *que lui* ». Mais ce serait oublier : 1º que Tsou 族 n'équivaut jamais à Sing 姓 en tant que ce dernier mot a son sens de groupe familial portant un même nom ; 2º que Wei Tchao explique l'expression Yi Tsou 一族 par les mots 父子, c'est-à-dire : *une génération* ; 3º que Wang Yuan-souen lui-même lui donne le même sens : il explique en effet 同姓 par 同產 *de la même naissance,* de la même origine, du même père ; 4° enfin que la note des glossateurs de Sseu-ma Ts'ien (*Tsi Kiai*) lève toute difficulté : Elle montre que la faute commise par K'ang est d'avoir épousé trois sœurs (*trois en-fants du même père* 父子 ou 一族) alors que ré-gulièrement il eut dû épouser deux sœurs, aînée et cadette, *plus une nièce*. — Il faut noter en outre que toute traduction autre que celle indiquée par le Tsi Kiai est impossible, non pas seulement à cause du sens des mots mais en raison d. la syntaxe.

XXIV. Note 3. — Pourquoi était-il interdit d'épou-ser trois sœurs ? le texte en indique les raisons : elles tiennent à la valeur caractéristique du nombre trois. Trois, pour les Chinois, est le premier pluriel et, partant, signe de totalité ; trois animaux consti-tuent un troupeau ; trois hommes suffisent à cons-tituer une assemblée. Un seigneur considère un groupe de trois hommes comme une assemblée symbolique de la totalité de ses sujets ; c'est pour-quoi il s'incline devant eux (cf *Li Ki. Kiu li*. I, 5, 37). Un roi ne prend pas trois animaux à la chasse : ce serait épuiser les espèces vivantes (cf *Yi King*). Un prince qui a fait périr trois hauts dignitaires, « ne saurait y ajouter » (*SMT* IV 326). C'est un crime réputé horrible par le code des Le (*in Delous-tal B. E. F. E. O*. IX p. 97) de faire périr trois membres de la même famille, car c'est la ruiner complètement. Un honnête guerrier ne tue pas plus de trois hommes dans une bataille (*Li Ki. Couvreur*, I p. 325). Le troisième refus est définitif. Le troi-sième étage des sources souterraines est au plus profond de l'univers 三重之泉晉至水 ; aussi la troisième source 三泉 signifie : le plus profond

(*SMT* III p. 194 et IV p. 705). Prendre les trois
sœurs, c'est *accaparer toutes les filles d'une génération*, car trois est le nombre final 三者數之
小終也. Les nombres qui commencent à 1 et
finissent à 10, ont leur perfection à 3 數始於
一. 終於十. 成於三. Le *Chou wen* définit 3
le nombre parfait, 成數也. C'est donc faire
preuve d'une arrogance fatale et d'esprit de per-
dition que d'épouser trois sœurs : c'est vouloir
thésauriser 備物 : manquer de modération, et,
ayant la plénitude des biens 物滿, ne point vouloir la réduire, ne pas la diminuer par un tribut
envoyé en hommage au souverain, telle est la faute
que le duc K'ang commit, malgré les conseils de sa
prudente mère.

XXIV. Note 4. Nous savons par le *Kiao t'ö cheng*
que les tributs envoyés au roi par les seigneurs à la
fête automnale où se chantait cet éloge de la modération que rappelle la biographie de la mère du
duc de Mi, comprenaient un envoi de femmes
致女 (*Sur cette question, voir Fêtes et chansons
anciennes* : Le rythme saisonnier). Or cette fête
automnale, qui dans l'organisation féodale du culte
prit le nom de Pa Tcha, dérive des anciennes fêtes
de la jeunesse où se faisaient les mariages : les
unions alors conclues étaient désignées par le mot
奔 *s'unir dans les champs*, qui est précisément
employé ici même à propos du duc K'ang (Voir
Granet, Coutumes matrimoniales de l'ancienne Chine
in *Toung pao* XIII, p. 549 sqq.). Elles se contrac-

traient au bord de l'eau : c'est près de la King que le duc de Mi s'unit aux trois sœurs. Enfin le terme régulier employé pour désigner les promenades au bord de l'eau est 游 ou 遊 qui se trouve précisément aussi dans notre texte (cf. *Fêtes et chansons et particulièrement la préface de la chanson 1 du Tch'en fong*). Il convient donc de rapprocher notre texte du texte XXII où l'on voit Kien Ti, la mère de la race des Yin, prendre part avec sa sœur cadette (XXII *a*) ou avec ses deux suivantes (XXII) à la fête printanière des mariages.

XXV. *Che King. Kouo fong. Pei fong.* 14. *Couv.*, p. 45.

1. 毖彼泉水. Elle naît, la source Ts'iuan,

2. 亦流于淇. Puis se jette dedans la Wei.

3. 有懷于衛. Voici que je rêve de Wei.

4. 靡日不思. Il n'est de jour que je n'y pense.

5. 孌彼諸姬. Que belles sont toutes ces sœurs!
     (m. à m. toutes les Ki).

6. 聊與之謀. Avec elles je m'entendrai!

 [Vers 5, glose : 同姓之女 les femmes du même nom de famille ; la femme dont parle la chanson ou qui la chante est une fille de Wei c'est-à-dire de nom Ki 姬].

XXVI *Che King. Kouo fong. Wei fong* 3. *Couv.* p. 55.

1. 河水洋洋. L'eau du Fleuve, qu'elle vient haute!

2. 北流活活. Vers le Nord, comme il coule à flots!

3. 施罛濊濊. Les filets, quel bruit quand ils tombent!

4. 鱣鮪發發. Les esturgeons, qu'ils sont nombreux!

5. 葭菼揭揭. Les joncs et roseaux, qu'ils sont hauts!

6. 庶姜孽孽. Les suivantes, quel beau cortège!

7. 庶士有朅. Les gens d'escorte, quel grand air!

[6. Les suivantes, m. à m. les *Kiang*, les filles de noms *Kiang*, qui accompagnent Tchouang *Kiang* à Wei où elle se marie (cf. préface de la chanson)].

XXVI *b*. — *glose de Tcheng K'ang-tch'eng au vers 6. Les Kiang* désignent les nièces et sœurs cadettes : 庶姜謂姪娣. Les gens d'escorte et les femmes rendent complète 備 la cérémonie d'alliance. 士女俊好禮儀之備.

XXVII. — *Che King. Ta ya. III, 7, Couv.* p. 405.

1. 韓侯取妻. Le prince de Han prend pour femme

2. 汾王之甥. La nièce du roi de la Fen,

3. 蹶父之子. La fille du seigneur de Kouei!

4. 韓侯迎止. Le prince de Han vient à elle!

5. 于蹶之里. Il vient au village de Kouei !

6. 百兩彭彭. Cent chars roulent à grand tapage :

7. 八鸞鏘鏘. Leurs huit sonnailles font grand bruit.

8. 不顯其光. Vit-on rien de plus éclatant?

9. 諸娣從之. Les sœurs cadettes font escorte,

10. 祁祁如雲. S'avançant comme des nuées !

11. 韓侯顧之. Le prince de Han les regarde :

12. 爛其盈門. Leur splendeur emplit le palais!

XXVII *a*. — *Mao* : *glose aux vers* 9-10.

Les seigneurs, en un seul mariage, prennent neuf femmes. Deux seigneuries envoient des suivantes (*à la femme principale*). 諸侯一娶九女．二國勝之．

XXVII *b*. - *Tcheng* : *glose aux vers* 9-10.

Les suivantes sont nécessairement accompagnées de sœurs cadettes et de nièces : on ne nomme ici que les sœurs cadettes parce qu'elles sont d'un rang plus élevé.

XXVIII. *Che King. Kouo fong. Pei fong 3. Couv.* : p. 31.

Pièce qui passe pour faire allusion aux faits rapportés par *Tsouo Wen*, 18ᵉ a. Il serait question de Tchouang Kiang, princesse mariée à Wei et d'une de ses suivantes (ou selon d'autres d'une femme épousée par le duc Tchouang dans un autre mariage contracté à Tch'en.)

1. 燕燕于飛．L'hirondelle et l'hirondelle envolées,

2. 差池其羽．L'une vers l'autre ont leurs ailes pen- chées!

3. 之子于歸．Cette fille qui s'en va se marier,

4. 遠送于野．Au loin je l'ai suivie dans la campagne!

5. 瞻望弗及．Mes regards ne peuvent plus l'atteindre,

6. 泣涕如雨．Mes pleurs coulent comme la pluie!

(Le vers 3, classique pour exprimer la pompe nuptiale, est ici interprété par les glossateurs comme signifiant le retour d'une femme dans sa famille natale.)

XXIX. — *Che King, Kouo fong Chao nan*, 11. *Couvreur*, p. 25.

Pièce destinée, dit la préface, à louer une sui- vante 美勝 : La femme principale n'ayant point voulu d'elle, pour compléter le nombre de ses sui- vantes, 有嫡不以其勝備數, elle n'en conçut point de colère et plus tard la femme principale se repentit.

1. 江有汜. Le Fleuve a des bras secondaires !

2. 之子歸. Cette fille en se mariant,

3. 不我以. N'a point voulu de moi !

4. 不我以. N'a point voulu de moi !

5. 其後也悔. Puis voilà qu'elle s'en repent.

XXX. — *Che King, Kouo fong, Chao nan, 1, Couv.,* p. 16.

(Cf. *Fêtes et chansons anciennes*, nº IX et les notes). D'après la préface, la Vertu du roi Wen, après s'être étendue à sa femme T'ai Sseu, s'est répandue, par l'intermédiaire de celle-ci, à toutes les femmes royales, puis à toutes les femmes du royaume : Voici, dès lors, l'interprétation symbolique de la chanson. Le prince, par sa Sainteté, a établi sa domination (la pie a fait le nid) ; la princesse, par sa Vertu, mérite d'être associée à lui 配 (le ramier occupe le nid) ; enfin, les autres femmes du roi, sous l'influence de la première, acquièrent assez de mérite pour occuper aussi le nid (3ª couplet) ; en fait, le rythme de la chanson indique que *dans les trois couplets* la pie symbolise la femme principale, la fille qui se marie, et les ramiers les suivantes qui occupent les chars de l'escorte.

1. 維鵲有巢. C'est la pie qui a fait un nid :

2. 維鳩居之. Ce sont ramiers qui logent là !

3. 之子于歸. Cette fille qui se marie,

4. 百兩御之. Avec cent chars accueillez-la !

5. 維鵲有巢. C'est la pie qui a fait un nid :

6. 維鳩方之. Ce sont ramiers qui gitent là !

7. 之子于歸. Cette fille qui se marie,

8. 百兩將之. Avec cent chars escortez-la !

9. 維鵲有巢. C'est la pie qui a fait un nid.

10. 維鳩盈之. Ce sont ramiers plein ce nid-là !

11. 之子于歸. Cette fille qui se marie,

12. 百兩成之. De cent chars d'honneur comblez-la !

XXX a. — *Mao*: 盈滿也. *Tcheng*: 滿 *Combler* (12ᵉ v.) signifie le grand nombre des suivantes, nièces et sœurs cadettes. Comp. l'expression rituelle: *compléter le nombre* des suivantes.

XXX. Note. — 御 (4ᵉ v.) doit être rapproché de 御 le Cocher qui, dans les rites du mariage du Yⁱ li (cf. XXXII), joue le rôle de second du mari. 將 (8ᵉ v.) est assimilé à 送 : or, le Yi li (cf. XXXII *a*) assimile 媵 (suivantes) à 送. Cent chars viennent à la rencontre de la mariée ; autant l'escortent ; autant forment l'ensemble des chars de la pompe nuptiale. On n'y verra point de difficultés si, d'une part, l'on tient compte du fait qu'au Yi li le Suivant du mari (*le Cocher*) agit toujours en connexion avec la Suivante de la femme, et si, d'autre part, l'on rapproche de ce fait l'usage pratiqué aux fêtes anciennes de la jeunesse, selon lequel les jeunes gens partaient par couples dans le même char (Cf. *Fêtes et chansons anciennes*, Chansons XII : les mains jointes montons en char; XXV, 14 : en char emmenez-moi chez vous; XXVI : La fille monte au même char. Voir encore XLV; L, 7; LX, 1 et 2, 26-30; LXVI, 35-36 et surtout LVIII, 13 et 14) (cf. Li Ki, Couv. I, p. 608 親御 le fiancé jouant personnellement le rôle du cocher.)

XXXI *Yi li. Mariage des nobles. Steele I chap. III et IV,*

p. 23. [*Quand le fiancé vient en personne au devant de la fiancée* 親迎 *et que la fiancée l'attend dans la salle* 房] 女從者畢袗玄繩笄被顈黼在其後, la Suivante, habillée de noir et portant un bandeau et l'épingle de tête avec un manteau blanc et noir passé sur les vête-ments, se tient derrière (*la gouvernante de la mariée, c'est-à-dire en arrière de celle-ci*).

XXXI a. — *Tcheng.* 女從者謂姪娣也. La Suivante, c'est la nièce ou la sœur cadette (*Tcheng cite XXVII vers 9*).

XXXII. *Yi li. ibid. Steele*, p. 23. [*La fiancée suit le fiancé qui la fait monter en char; il conduit lui-même le char pendant trois tours de roues (sur la valeur du nombre trois voir XXIV note 3), puis descend du char*]. 御者代. Le Cocher le remplace.

XXXIII. — *Yi li. ibid. Steele*, p. 24. [*Le cortège arrive à la maison du fiancé qui fait entrer la fiancée dans la chambre. Là sont disposés des lavabos*]. 勝布席于奥 ....勝御洗盥交. La Suivante dispose une natte dans le coin sud-ouest... La Suivante et le Cocher versent de l'eau (aux époux) pour qu'ils se lavent les mains, en croisant les places (*cf. XL*).

XXXIII a. — *Tcheng.* 勝送也. La Ying c'est la Suivante de la femme 女從者. 御迎也. 謂塪從者. Le Cocher. c'est le Suivant du mari. La Suivante de la femme verse de l'eau au mari qui se lave les mains dans le lavabo du Sud; le Cocher (Suivant du mari) verse de l'eau à la femme qui se lave les mains dans le lavabo du Nord. Le mari et la femme, aux débuts de leur union sentimentale, éprouvent une pudeur ; la Suivante et le Cocher, par leur action croisée, ouvrent la voie à leurs senti- ments. 媵洗壻絜於南洗. 御洗婦絜於北洗. 夫婦始接情有廉恥. 媵御交道其志.

XXXIV. — *Yi li, ibid. Steele*, p. 25 [*Quand les préparatifs du repas communiel des époux sont terminés*], 御布對席 le Cocher dispose une natte correspondante (*à celle qu'a disposée la Suivante cf. XXXIII ; celle qu'a disposée la Suivante est pour le mari ; celle que dispose le Cocher est pour la femme*).

XXXV. — *Yi li, ibid. Steele.* p. 26. [*Le repas fini, les époux quittent chacun leur natte ; la femme reste dans la chambre, le mari passe dans la pièce latérale*]. 主人說服于房中. 媵受之. 婦人說服于室. 御受之. Le mari enlève ses vétements dans la pièce latérale, la Sui- vante les reçoit. La femme enlève ses vétements dans la chambre, le Cocher les reçoit.

XXXVI. — *Yi li, ibid, Steele*, p. 26. 御衽于奥. 衽良席在東. Le Cocher étend la natte (de la femme) dans le coin Sud-Ouest de la chambre. La Suivante étend la natte du mari à l'Est de la première.

XXXVII. — *Yi li, ibid. Steele*, p. 27. [*Les flambeaux sont emportés*]. 媵餕主人之餘. 御餕婦餘. 贊酳外尊酳之. (*Dans la pièce latérale*), la Suivante mange les restes du mari, le Cocher les restes de la femme. Le maître de cérémonie puise du vin dans la jarre placée à l'extérieur et leur en donne [*de même qu'il en a donné au mari et à la femme après le repas de noces*].

XXXVIII — *Yi li, ibid. Steele*, p. 27. 媵待于戶外. 呼則聞. La Suivante attend en dehors de la porte (*de la chambre des époux*) de façon à entendre si on l'appelle. [*Les glossateurs estiment que le Cocher reste aussi à attendre; mais la Suivante est seule nommée parce que, étant d'un rang plus élevé, elle prêtera mieux attention au moindre indice d'appel.*]

XXXIX. — *Yi li, ibid Steele*, p. 30. [*La femme va se présenter à ses beaux-parents, en reçoit une coupe de vin doux, puis leur offre à manger; après quoi, elle se prépare à manger les restes du beau-père qui l'en empêche. Elle mange alors ceux de la belle-mère*]. 御贊祭豆黍肺. Le Cocher l'aide à faire l'offrande des reliefs, millet glutineux et poumon.

XL. — *Yi li, ibid. Steele*, p. 30. [*La femme emporte les restes dans la pièce latérale*]. 媵御餕. 姑酳之 雛 無妶 媵先. 于是與始飯之錯. La Suivante et le Cocher mangent les restes. La belle-mère leur donne à boire. Même si la Suivante n'est pas la sœur cadette de la femme, elle a le premier rang (*par rapport au Cocher*). Dans cette cérémonie, il y a la même disposition croisée que dans le repas précédent (*fait par la suivante et le cocher avec les restes des époux*).

XL *a*. — *Tcheng*. Autrefois une fille qui se mariait était toujours accompagnée de sa sœur cadette ou de sa nièce, qu'on appelait la Suivante. La nièce est une fille du frère aîné de la femme. La sœur cadette est une cadette. La sœur cadette est d'un rang supérieur à celui de la nièce. Même si la Suivante n'est pas une sœur cadette (*mais une nièce*), elle passe avant le Cocher parce qu'elle est une hôte. La disposition croisée indique que la Suivante mange les restes du beau-père, et le Cocher ceux de la belle-mère.

XLI. — *Li Ki. Kiu li. Couvreur*, p. 71. Un seigneur n'appelle point par leurs noms personnels 名 les ministres dits K'ing lao 卿老, ni ses femmes de second rang (*Che fou*) 世婦. Un grand-officier n'appelle point par leurs noms personnels, un vassal héréditaire 世臣, ni la nièce et la sœur cadette de sa femme (*ses femmes secondaires*). Un noble n'appelle pas par leurs noms personnels l'intendant de sa maison et sa première concubine 長妾.

[K'ong Ying-ta est d'avis : 1° que cette première concubine est la sœur cadette de la femme ; 2° que les femmes de second rang (Che fou) d'un seigneur sont les deux Suivantes de sa femme (venues chacune d'un état différent).]

XLII. — *Li Ki. Sang ta ki. Couvreur*, II, p. 236. Un seigneur touche de la main (*aux cérémonies des funérailles, la poitrine de*) celles de ses femmes les plus élevées en dignité... Un grand-officier touche de la main (*la poitrine*) de la nièce et de la sœur cadette de sa femme (*ses femmes secondaires*).

XLIII. — *Li Ki. Houen yi. Couv.*, II, p. 648. Dans l'antiquité, la Reine (*épouse*) du Fils du ciel plaçait en charge (*les femmes du roi habitant*) les six palais édifiés pour elles, (*savoir*) les trois princesses *fou jen* 夫人, les neuf femmes du troisième rang 嬪 *Pin*, les vingt-sept femmes du quatrième rang *Che fou* 世婦 et les quatre-vingt-une femmes de palais 御妻, *Yu tsi* (Cf. *Li Ki. Kiu li. Couvreur*, I, pp. 86 et 94 sqq. et Tcheou li. Tien Kouan, articles 嬪, 世婦 et 女御 *in* Biot, I, p. 154 sqq.

[Les nombres de femmes donnés par ces textes
sont assurément d'ordre théorique : ils ont été
déterminés par le souci d'établir une équivalence
numérique entre la hiérarchie féminine aboutissant
à la reine et la hiérarchie masculine aboutissant u
roi. Les glossateurs remarquent que le Tcheou li ne
donne de nombres que pour les 3 *fou jen* 夫人 et
les 9 *pin* 嬪 ; ils concluent généralement que le
nombre des autres femmes n'était point fixe et que
les chiffres donnés ici indiquent une espèce d'*opti-
mum*. Pour les douze premières femmes, ils en expliquent le nombre par le fait que les femmes du
mariage royal venaient de quatre états, et de chacun, selon la règle, par groupes de trois. Mais il y
a une difficulté : la reine n'est pas comprise dans
les *pin* et les *fou jen*, et comme il faut la compter, on
arrive au chiffre de treize femmes. Je pense qu'il
faut admettre que, à l'organisation normale du
harem royal, savoir une reine, ses trois suivantes,
et leurs huit nièces ou sœurs cadettes, plus un
nombre indéfini de femmes du palais, s'est substituée une organisation d'ordre théorique (et, en fait,
appliquée ou non) fondée sur la valeur du nombre
trois et de ses multiples, 3, 9, 27, 81.]

XLIV. *Les érudits chinois se sont efforcés de reconsti-
tuer les règles donnant l'ordre selon lequel les femmes
approchaient du mari dans les différentes sortes de
ménages polygyniques. Il y a certainement une part d'ar-
bitraire et de théorie dans ces reconstitutions ; elles ont au
moins le mérite de montrer que pour les Chinois les rapports
conjugaux doivent être strictement réglementés (Comp. Fêtes
et chansons, n°ˢ XXXIX et LXVII.) Je réunis ici les commentaires les plus intéressants.*

Li Ki. Nei tsö, Couv. I, p. 661. Une femme secondaire, même vieille, si elle n'a pas cinquante ans (*époque théorique du retour d'âge en vertu de la théorie que la vie féminine est réglée par le nombre* 7 : 7 × 7 = 49 = 50) doit coucher avec son mari une fois tous les cinq jours.

XLIV *b*. — *Tcheng*. Coucher avec le mari une fois tous les cinq jours est un règlement propre (à la classe) des seigneurs. Les seigneurs épousent neuf femmes. Les nièces et sœurs cadettes couchent avec le seigneur deux par deux, ce qui fait trois jours; puis viennent les deux suivantes, ce qui fait quatre jours; puis la femme principale a sa nuit particulière 專夜, ce qui fait cinq jours. Le Fils du Ciel couche une fois tous les quinze jours (*avec chacun de ses groupes de femmes.*)

XLIV *c*. — *Tcheng* (*Glose au Tcheou li, v*° 九嬪). A partir des neuf *Pin* (*femmes de troisième rang*) les femmes du roi couchent avec lui neuf par neuf. Le règlement qui détermine l'ordre selon lequel les princesses couchent avec le roi, est fondé sur le fait que la lune est le symbole de la reine. Les femmes les moins nobles (*vont coucher avec le roi*) les premières (*au début de la lunaison*); puis viennent les plus nobles. Les femmes du palais 女御 qui sont 81 (*groupées en groupes de* 9) ont 9 nuits pour elles; les femmes de quatrième rang *Che fou* 世婦 qui sont 27 ont 3 nuits pour elles; les neuf *Pin* 九嬪 qui sont 9 ont une nuit pour elles; les trois *fou-jen* ont une nuit pour elles; et la reine une nuit : soit un tour de 15 jours : après la pleine lune (*nuit réservée à la reine*) on suit l'ordre inverse. (*Dans les ménages seigneuriaux*) la nièce et la cadette de la femme principale (*qui forment l'un des groupes de deux*) étant moins nobles que les deux suivantes (*qui font un autre groupe*) passent d'abord. Les

grands-officiers ont une femme et deux femmes secondaires (*cadette et nièce*) : pour elles le tour est de trois
jours. Les Nobles ont une femme et une femme secondaire (*ordinairement cadette de l'épouse*), le tour est pour
elles de deux jours. La femme secondaire ne doit pas
empiéter sur le jour réservé à l'épouse ; quand c'est son
tour, elle ne doit pas prendre la nuit tout entière. Quand
elle voit les étoiles, elle se retire. (Cf. *Fêtes et chansons*,
la chanson des Petites Etoiles, LXVII, p. 142).

III

LA SOCIÉTÉ CHINOISE DES TEMPS FÉODAUX

Les textes que j'ai rassemblés établissent de façon for-
melle que la polygynie sororale était une coutume généralement suivie, en fait, et obligatoire, en droit, dans la
noblesse, à la période féodale de l'histoire chinoise, qu'on
nomme d'ordinaire la période Tch'ouen Ts'ieou et qui
correspond à la fin de la dynastie des Tcheou (1). Les faits
que les chroniqueurs nous ont conservés sont assez nombreux et assez explicites pour permettre une étude assez
détaillée de l'usage ; mais ce n'est pas là peut-être le plus
grand intérêt de ces faits chinois : ils sont principalement
précieux parce qu'ils donnent le moyen de considérer
une institution matrimoniale, connue jusqu'ici par des
données ethnographiques un peu fragmentaires, dans ses

---

(1) Période connue principalement par le Tsouo tchouan, traduit par
Legge, et par les parties de l'Histoire de Sseu-ma Ts'ien contenues dans
les volumes IV et V de la traduction de M. Chavannes.

rapports avec un état défini de l'organisation familiale et sociale.

Je donnerai d'abord en raccourci les traits caractéristiques de cette organisation (1).

A l'époque féodale, le peuple chinois se divise en deux parts ; d'un côté la noblesse ou ce que les érudits indigènes appellent les familles distinguées 文家, de l'autre le peuple des campagnes, les familles de gens simples, 質家, rustiques (2), ceux que les textes désignent le plus souvent par l'expression 庶人 Chou jen, la plèbe.

Les rites, dit le Kiu li (3), ne s'appliquent pas aux gens du peuple : en effet, les grands recueils rédigés par les ritualistes ne nous renseignent point sur les usages populaires, et nous ne posséderions sur eux que des indications isolées si le Che King ne nous avait conservé un ensemble important de vieilles chansons où nombre de ces usages se sont inscrits.

(1) Aucune étude d'ensemble n'en a été faite : les documents ne manquent pas, préparés par les traductions de Legge, de Couvreur et surtout par celle de Sseu-ma Ts'ien et les notes dont M. Chavannes l'a enrichie. J'ai décrit le genre de vie et les usages populaires dans *les Fêtes et chansons anciennes de la Chine*. Une étude sur la *Famille chinoise des temps féodaux*, que je publierai sous peu, renseignera sur les usages de la noblesse. Le tableau que je donne ici de la société à l'époque Tch'ouen Ts'ieou est tiré des conclusions où m'ont conduit ces deux études.

(2) Cf. Ho Hieou (1 *b*). Cf. l'expression 亡民 « le paysan » ; *Fêtes et chansons*, LXVI.

(3) Li Ki. Couvreur, I, 53 禮不下庶人 : L'opposition entre les usages nobles et plébéiens est bien marquée par Ho Hieou (I *b*). Le Po hou t'ong (chapitre du mariage) note (et c'est un fait curieux et important) que les familles rustiques donnaient la préférence à la gauche parce qu'elles prenaient pour modèle l'ordre céleste, tandis que les familles distinguées, suivant l'ordre terrestre, préféraient la droite. 質家法天尊左，文家法地尊右.

Les familles rustiques habitaient la campagne 野人 hors de l'influence du gouvernement établi dans les villes (1) ; elles y vivaient dans des villages enclos 里 Li (2), réunissant toutes les maisons d'un groupe de personnes (3) dont la parenté était indiquée par un nom de famille, Sing 姓, propriété commune du groupe : il y a des chances que ce nom de la famille fût celui du village familial (4). Unis par la communauté du nom, lien mystique qui leur apparaissait comme le signe d'une identité spécifique 同類, les parents vivaient dans une intimité complète de sentiments 同心 et de désirs 同志 (5) ; ils formaient un groupe d'une solidarité si parfaite que leur parenté n'apparaissait point comme le résultat de liens personnels, mais qu'elle dérivait simplement de la vie en commun ; c'était une parenté de groupe où ne se distinguaient point des rapports définis ; le langage n'éprouvait pas le besoin d'attribuer un nom particulier au père et un autre à l'oncle ; le même mot suffisait pour la femme de celui-ci et pour la mère, de même qu'il n'en fallait qu'un pour désigner le fils et le neveu. La nomenclature de parenté n'avait à tenir compte que des différences de sexe, d'âge et de génération. Dans ce groupement strictement homogène, pas de hiérarchie ou presque ; les membres du groupe se classaient d'après

(1) Cf. Yi li. Gloses traditionnelles du Chapitre sur les vêtements de deuil. Cf. Steele, II, p. 19.
(2) Cf. *Fêtes et chansons*. Chanson XL.
(3) Cf. Yi li. Steele, II, p. 17.
(4) Le beau-père du prince Han, Kouei fou (le père de Kouei, le chef du Kouei 畡) a sa résidence familiale au village (Li) de Kouei. Cf. XXVII, vers 3 et 5.
(5) Cf. Kouo yu. Tsin yu, IV, 4. Cf. les joutes, *Fêtes et chansons*.

l'âge (1) 齒 et le doyen 長 parlait au nom de tous. C'était
par des repas de famille que s'entretenait le sens de la
communauté domestique, qui semblait reposer sur une
identité substantielle, identité absolue entre deux parents
de même génération (2); quand meurt le doyen d'une
famille, s'il reste un membre de la génération du mort, il
remplit à sa place les fonctions du disparu ; on ne peut pas
dire qu'il lui succède ; il n'y a pas de succession entre des

gens de même génération : ils se suppléent 繼 par rang
d'âge (3), trop indistincts entre eux pour que le passage
de l'un à l'autre paraisse marquer un changement.

La solidarité indistincte qui unit les membres d'un
groupe familial, se traduit d'abord dans ces manifestations
de l'unité domestique que sont les repas communiels ou
encore les réunions de toute la parenté à l'occasion d'une
mort ; elle est surtout sensible dans ce fait que le groupe
est absolument fermé ; même après qu'une organisation
hiérarchique s'y fut développée, même après l'avènement
d'une autorité familiale, de type seigneurial, et presque
aussi forte que la romaine, jamais il ne fut possible au chef
de famille d'introduire des éléments étrangers dans le
corps domestique : pour perpétuer sa lignée, pour instituer
un héritier du culte, il demeura toujours obligé de prendre
son fils adoptif à l'intérieur du cercle familial (4). La vertu

(1) Être chassé d'une famille, perdre la qualité de parent se dit :
不齒 ne plus prendre sa place aux réunions familiales d'après son
âge (m. à m. d'après ses dents). Cf. Li Ki. Yu tsao, Couvreur, I, 691.

(2) Les frères sont dits 一體 n'être qu'un seul et même corps : on
les compare aux quatre membres. Cf. Yi li, Steele, II, 17.

(3) Cf. Ho Hieou (I b).

(4) Cf. Yi li, Steele, II, pp. 12 et 19.

caractéristique (1) d'une famille 德, qui est le fondement de la parenté, est instransmissible, incommunicable.

Les groupes familiaux s'opposent fortement entre eux, au moins dans le cours ordinaire de la vie : pendant la bonne saison, les parents cultivent en commun le champ domestique ; pendant l'hiver, ils s'enferment tous dans le village familial. Mais le printemps et l'automne sont l'occasion de fêtes où ils se réunissent avec leurs voisins. Dans ces rapprochements solennels, les groupes voisins, fermés d'ordinaire, séparés et hostiles, s'ouvrent brusquement au sentiment inaccoutumé d'affinités qui les relient entre eux. Autant ils sont habituellement jaloux de leur indépendance, autant ils se sentent obligés, dans ces fêtes, à se fondre en une communion complète et pathétique ; ces groupes, usuellement impénétrables, se mêlent alors de toute manière : par un système d'échanges pratiqués avec la plus large libéralité, ils épuisent toutes leurs ressources : ce qu'ils gardaient jalousement, ils le livrent à l'orgie commune, les produits de leur terre, les enfants de leur sang. Aucun d'eux ne veut rien garder qui détruirait à son profit l'équilibre des forces traditionnelles sur quoi repose l'alliance des groupes voisins, car, de cette alliance, tous ont alors le sentiment qu'elle est un bienfait suprême (2). Ainsi, grâce à des prestations mutuelles de type exhaustif, des groupes locaux 里 réussissaient à se constituer en une Communauté de pays 國.

(1) Cf. Kouo yu. Tsin yu, IV, 4. Les ancêtres ne mangeaient que la cuisine de leurs descendants. Ce n'est que tardivement, et à la suite du développement des relations féodales, que les seigneurs envoyèrent à des princes de nom différent les viandes sacrifiées aux ancêtres 致福 par lesquelles se communiquait le Bonheur spécifique d'une race.

(2) Cf. *Fêtes et chansons*, Le rythme saisonnier.

Dans l'intense émotion de leur rapprochement extraordi-
naire, les groupes voisins arrivaient à sentir dans leurs
différents génies spécifiques assez d'affinités pour les
autoriser à s'envoyer mutuellement leurs filles comme
épouses. Les Communautés de pays avaient pour fondement stable un système équilibré d'échanges matrimoniaux opérés en bloc ; elles rajeunissaient périodi-
quement leur force par une célébration collective dès
mariages.

Il semble que l'organisation des Communautés de pays
ait été d'abord très simple : très peu nombreux étaient les
groupes familiaux qui constituaient chacune d'elles, c'est-
à-dire qui sentaient assez d'affinités entre leurs génies
spécifiques pour pouvoir s'unir par une alliance matrimoniale : pour prendre femmes, le choix d'une famille déterminée était limité à un petit nombre d'autres familles (1).
Il y a des raisons de croire qu'à l'origine une Communauté
ne comprenait que deux groupes familiaux échangeant
entre eux leurs filles : cette hypothèse est la seule qui
rende compte de la nomenclature de parenté chinoise, où

un seul mot suffit pour père et frère du père 父, pour

mère et sœur de la mère 母, pour sœur du père et belle-

mère 姑, pour frère de la mère et beau-père 舅, et

---

(1) Cf. Kouo yu. Tcheou yu, II, 1. Ce texte montre : 1° Qu'il est interdit de se marier dans son propre groupe familial ; 2° Qu'il est interdit
d'épouser hors du groupe confédéré dont on fait partie (c'est-à-dire
qu'on doit obéir à une double obligation d'exogamie et d'endogamie) ;
3° Que parmi les possibilités d'union matrimoniale que laissent subsister
ces deux premières interdictions, il y a lieu de tenir compte de règles de
choix traditionnelles : Seules sont heureuses les unions entre des couples
de familles traditionnellement définis, par exemple Ki 姬 et Ki 姞.
Cf. SMT, IV, 466.

dans laquelle un homme ne distingue point entre son
gendre et le fils de sa sœur 甥 (1).

Pour résumer, la plèbe chinoise, telle qu'elle m'apparaît, était organisée en Communautés de pays, et chaque Communauté consistait en un couple de groupes locaux homogènes qui maintenaient entre eux un équilibre traditionnel, grâce à des prestations mutuelles et périodiques de type exhaustif. La principale de ces prestations était celle qui fondait l'alliance matrimoniale, savoir un échange régulier de toutes les filles du groupe en âge d'être mariées.

Les érudits chinois ont bien marqué l'opposition des principes d'organisation de la société populaire et de la noblesse féodale : dans les groupes homogènes que forment les gens des campagnes, tout revient « à traiter ses proches en proches (2) 親親 » c'est-à-dire au sentiment des liens domestiques. Ce qui caractérise, au contraire, la société noble, c'est le sentiment de la hiérarchie 尊尊, la reconnaissance d'autorités constituées, dans l'ordre politique comme dans l'ordre familial.

La noblesse, ce sont les habitants des villes seigneuriales (3), ceux qui se sont placés sous la recommandation d'un seigneur 君, qui sont ses vassaux 臣, qui en ont reçu une investiture 命, qui lui doivent l'hommage 朝, le service 事 et le conseil 告, qui forment

(1) Chez les Todas le mariage normal est celui des cousins (issus de frères et de sœurs) (mariage de *Matchuni*. Cf. Rivers, p. 512 sqq.) et on le pratique par échange de frères et de sœurs. Cf. *Ibid.* p. 522 et les exemples.

(2) Cf. Ho Hieou (I b).

(3) Yi li, Steele, II, p. 19 都邑之士.

sous sa direction un groupe hiérarchisé, une cour. Le seigneur est représentant d'une race sacrée, douée d'une Vertu spécifique 道德 qui l'habilite à exercer une Influence souveraine 化 sur un pays déterminé. Par une espèce de collégialité avec le lieu saint de son pays, le seigneur possède un pouvoir régulateur dont dérive une double autorité sur les hommes et sur les choses (1) ; en raison de ce pouvoir tutélaire par lequel il réussit à accorder le cours de la nature et les besoins humains, la terre est considérée comme son domaine et les hommes comme ses vassaux 有地有臣. Il réunit une cour dans sa ville, à côté des temples où il rend le culte qui entretient en lui les Vertus de sa race : ses vassaux l'assistent dans ce culte et participent avec lui à l'influence bienfaisante qui en dérive ; ils y participent plus ou moins, selon l'étroitesse du lien vassalitique qui les unit au seigneur (2). Les fidèles immédiats, qui communient avec lui dans les banquets sacrificiels de la façon la plus directe, obtiennent de ce fait comme une délégation de sa puissance régulatrice : les grands-officiers 大夫 reçoivent une portion du domaine seigneurial ; ils ont une terre et des vassaux ; ils sont seigneurs, mais à titre précaire, et, au moins théoriquement, à titre viager. Communiant moins directement avec les forces mystiques qui constituent le pouvoir du chef, les simples nobles ne reçoivent en principe qu'un fief de nature mobilière 祿 : il consiste essentiellement dans la nourriture, principalement dans les viandes de sacrifice,

(1) Voir *Fêtes et chansons* : Les lieux saints.
(2) Voir au Li Ki, Tsi t'ong Couvreur, II p. 329 sqq. le récit de la communion vassalitique qui suit un sacrifice.

qu'ils reçoivent du seigneur. Ils n'ont point droit à posséder un domaine ou des vassaux proprement dits ; mais ils sont revêtus d'un caractère auguste qui leur permet d'avoir, dans leur propre famille, figure de seigneurs.

La famille noble, comme la société, est de forme hiérarchique : elle est caractérisée par l'existence d'une autorité domestique 尊. Cette autorité appartient au représentant de la droite lignée par primogéniture. Le chef de famille 宗子 est, avant tout, le chef du culte des Ancêtres ; grâce à ce culte qui le fait étroitement participer aux vertus ancestrales, il apparaît comme l'incarnation directe et véritable 正體 (1) des ancêtres ; il reçoit d'eux par délégation 命 l'autorité qu'il exerce sur la parenté 宗. Comme pour les vassaux, par l'effet de la communion, cette autorité descend aux chefs des lignées collatérales 小宗, et jusqu'au père de famille qui, s'il est fils aîné, est le seigneur, au sens propre, de ses fils, de ses neveux et de ses cadets. La famille noble est un groupement féodal composé de sous-groupes de vassaux dont les chefs obéissent tous au seigneur commun, le chef de famille. Dans une telle famille, où existe une autorité, il y a lieu à succession : celle-ci se fait, non point d'après l'âge, en épuisant chaque génération, mais dans chaque souche (2) : le fils aîné succède au pouvoir seigneurial du père, car il est chef du culte de son père défunt (3).

(1) Yi li, Steele, II, p. 11.
(2) Ho Hieou (I b).
(3) Yi li, Steele, II, p. 19. La famille noble est essentiellement agnatique. Il en est autrement de la famille plébéienne ; je ferai la preuve (*Famille chinoise*, ch. VII) que celle-ci fut d'abord régie par un système

Dans les villes seigneuriales, les familles nobles sont
rapprochées en une unité politique de forme plus
complexe que n'est le groupement constitué par une
Communauté plébéienne. Le rang qu'occupe leur chef
dans la hiérarchie vassalitique détermine d'abord leurs
rapports avec la famille seigneuriale. Ces rapports sont
définis par un protocole minutieusement réglé, que nous
connaissons surtout en ce qui concerne le deuil. Le
principe de ce protocole est de conserver les distances
hiérarchiques grâce à un système de prestations alternatives réglées ; la largesse (1) seigneuriale s'étend, conformément à ce protocole. à toutes les familles vassales ;
sous forme d'hommages et de tributs, ses bienfaits pré-
caires retournent ensuite au seigneur. D'autre part,
entre les familles de même rang, un autre système de
prestations alternatives, que règle aussi le protocole,
permet d'obtenir un état d'équilibre. Les familles de
même classe nobiliaire sont unies entre elles par des
liens analogues à ceux qui rapprochent les familles
accouplées d'une Communauté plébéienne ; seulement, la
valeur des prestations qui servent à obtenir le rapprochement n'est plus déterminée par le désir d'épuiser tous

de filiation utérine. A l'époque où elle coexiste avec une famille noble,
elle n'a point encore pris le type agnatique : Les campagnards, disent
les érudits, ne distinguent point entre leur mère et leur père : il est clair
que dans le système des communautés-couples de deux familles, les
rapports, pour être de nature diverse, ne sont pas moins étroits entre
le neveu-gendre et le beau-père-oncle maternel qu'entre le fils et le père.
Noter le rôle joué encore aujourd'hui, surtout dans les familles du
peuple par le beau-père et l'oncle maternel.

(1) Voir au Tsi T'ong. Li Ki Couv. II, pp. 33: et 34: l'analyse des
notions de largesse et de bienfaisance seigneuriales 惠 et 澤, et de
la règle interdisant d'accaparer 不積. Voir *Fêtes et chansons* : Le
rythme saisonnier et *Famille chinoise*, ch. IV.

les moyens possibles d'union ; elle est réglée eu égard
au statut nobiliaire de chaque famille : à chaque classe
conviennent des prestations définies.

Les différentes familles seigneuriales forment une
confédération (1) placée sous la suzeraineté du Roi 王, du
Fils du Ciel 天子 ; certaines qui sont de même nom 同
姓之國 se considèrent comme les branches d'un même
tronc : les rapports d'ordre politique qui sont établis
entre elles sont réglés d'après les principes du droit
domestique ; par exemple, de même que les parents s'interdisent toute vendetta, les seigneuries de même nom
ne doivent point se faire la guerre. Pour celles qui sont
de nom différent, leurs relations ressemblent à celles
des familles antithétiques des Communautés plébéiennes ;
les échanges matrimoniaux leur semblent le plus efficace
moyen d'atténuer leur antagonisme foncier, et le principe premier de toute alliance. Certaines ont entre elles
une affinité plus sensible et forment des couples traditionnellement unis par l'alliance matrimoniale ; même
quand elles sont d'un éclectisme plus marqué, toutes
considèrent comme une faute de ne point rester fidèles à
leurs anciennes relations : elles ont comme idéal une
certaine stabilité fondée sur la pratique continue des
mêmes systèmes d'alliance (2). C'est uniquement dans la
classe des seigneurs que semblent avoir une force véritable ces groupements de familles attestés par une tradition suivie d'intermariages (3) : dans la Confédéra-

(1) Confédération chinoise est le sens qu'il faut donner à 中國, la
Chine, souvent traduit par le royaume ou les royaumes du milieu.
(2) Voir Kouo yu, Tcheou yu, II, 1.
(3) Cf. SMT, IV, p. 398.

tion chinoise 中國, les familles seigneuriales retrouvaient en effet une unité analogue à celle qui réunissait en Communautés locales les familles plébéiennes. Les familles de simple noblesse (1), au contraire, dont les chefs étaient attachés par une inféodation à une race seigneuriale, ne pouvaient posséder, à l'intérieur d'un groupe féodal, assez d'indépendance pour obtenir de former, grâce à des alliances matrimoniales stables et définitives, des groupements dont la puissance eût fait obstacle à l'exercice du pouvoir seigneurial; seul, le lien qui attache le vassal au suzerain étant absolu, les familles ne pouvaient se lier entre elles par des liens d'interdépendance complète, pas plus qu'un fils de famille, dès qu'existe une autorité domestique, n'est laissé libre de contracter des amitiés qui l'engagent jusqu'à la mort (2).

IV

LA POLYGYNIE DANS LA NOBLESSE FÉODALE

Les érudits chinois qui se sont occupés des institutions matrimoniales, ont analysé les principes de droit qui leur semblaient les fondements des usages polygyniques.

(1) Le seigneur doit être averti du mariage du vassal. Cf. Li Ki. Couvreur, I, p. 31.

(2) Un fils soumis au pouvoir paternel ne peut s'engager dans une amitié à mort. 不許友以死 Cf. Li Ki. Couvreur, I, p. 14 : C'eût été contraire au principe que le père est l'autorité non seulement suprême 至尊, mais unique, tel le ciel 天. Le seigneur est aussi le ciel 天 du vassal. Cf. Yi li, gloses aux textes sur le deuil pour le père et le seigneur : Steele, II, p. 11.

Ils ont eu à cœur de justifier ces usages : ils les présentent comme établis délibérément par le législateur et conformément au plan d'organisation de la société féodale. Leurs conceptions sont dominées par l'idée que la durée, pendant laquelle le pouvoir appartient à une race, manifeste la légitimité de ce pouvoir 命 ; cette durée dépend d'une force particulière à chaque famille, le 福 Bonheur idiosyncrasique propre à une lignée. Qui mérite d'être un chef, possède ce Bonheur et, par là même, est assuré de posséder une longue descendance. En vertu de cette théorie, toutes les règles matrimoniales apparaissent aux annotateurs comme des règles élaborées pour que les mariages donnent de nombreux enfants (1).

Je montrerai plus loin que la polygynie, telle que la pratiquaient les différentes classes de la Noblesse, dérive d'usages anciens et populaires adaptés aux conditions nouvelles de la Société féodale. Je ne puis donc y voir, comme les auteurs chinois, une invention législative. Mais les analyses qu'ils en ont données ont au moins un mérite ; c'est de rappeler ce fait essentiel : aux temps anciens de la Chine, le mariage était considéré comme l'acte fondamental non pas tant de la vie privée que de la vie publique, ou, pour mieux dire et seulement traduire une formule alors admise, les alliances matrimoniales étaient considérées comme les degrés par lesquels pénétraient dans une Maison seigneuriale le Bonheur ou le Malheur 婚姻禍福之階 (2). On va voir en effet que c'est bien de ce point de vue que l'on peut comprendre l'usage féodal de la polygynie.

(1) Voir par exemple les analyses plus loin citées du Po hou t'oag, chap. Mariage.
(2) Kouo yu, Tcheou yu, 1ᵉ disc.

La polygynie, pratiquée dans la Noblesse, y était réglementée par deux règles antithétiques que j'étudierai l'une après l'autre : Un noble, à son mariage, ne devait prendre femmes que dans une famille et il était plus ou moins strictement obligé de ne se marier qu'une fois. Inversement, la famille où il prenait femmes était tenue de lui fournir d'un coup un nombre d'épouses déterminé par son rang nobiliaire.

Toutes les femmes qu'un noble, d'après son rang, pouvait épouser par un mariage, il devait les prendre dans une même famille, 同姓 ; un noble ordinaire ou un grand-officier les prenait dans une même maison 家, dans une seule branche familiale ; pour un seigneur fieffé, elles venaient de trois seigneuries, c'est-à-dire de trois branches familiales distinctes 氏, mais rameaux d'une même famille : dans tous les cas, c'était une règle absolue qu'elles portassent le même nom 姓, signe véritable de la parenté.

Les manquements à cette règle étaient l'objet d'un blâme sévère : ils méritaient d'être inscrits dans les Annales au même titre que les violations de la loi d'exogamie. Le Tch'ouen Ts'ieou, par exemple, en cite deux cas, et dans les deux cas, les annotateurs remarquent que le fait était contraire aux Rites (1). Ils le remarquent même à l'occasion du mariage de Po Ki, princesse de Lou, dont ils font, par ailleurs, ressortir la réputation de Vertu et dont la mémoire leur semblait mériter d'être gardée de toute tache (2). Ainsi, même dans une époque troublée et souvent appelée période d'anarchie, ces défaillances ne paraissent

(1) Cf. III (III *j* et III *k*) et V.
(2) Cf. III.

pas avoir été très fréquentes. Si l'on relève dans les
Mémoires historiques de Sseu-ma Ts'ien le nom des
femmes épousées par les seigneurs dont l'histoire y est
contée, on voit sans doute de temps à autre figurer dans
le même gynécée des princesses de nom de famille différent. Au reste, — tant la chose paraissait blâmable —
j'ai l'impression qu'on essayait de la dissimuler : on
sait que d'assez bonne heure (c'est une pratique constante
dans le *Kou lie niu tchouan*), on prit l'habitude de faire
figurer dans la désignation des princesses, à la place de
leur nom de famille, employé d'abord précisément pour
montrer que le mariage était régulier, le nom de famille

de la maison royale Ki 姬, employé, dit-on, à titre d'honneur. Or, dans la liste des femmes du duc Houan de Ts'i,

qui s'était manifestement marié dans la famille Ki 姬,
figure une princesse que d'après la vieille règle on eût
dû appeler Siu Ying mais qu'on appelle justement Siu

Ki 姬 (1), comme si elle appartenait, elle aussi, à la famille
Ki; au reste, quand un gynécée renferme des femmes de
nom différent, on peut constater, presque toujours,
qu'elles ne proviennent pas du même mariage : le seigneur — ceci est un manquement à une autre règle qu'on
étudiera tout à l'heure — ne s'est point contenté d'une
seule alliance matrimoniale; il est d'ailleurs remarquable
que, dans beaucoup de cas de ce genre, le deuxième
mariage a été contracté avec des barbares (2). Notons en

(1) XI.

(2) SMT, IV, p. 68. Un seigneur marié à Lou (nom Ki 姬) se marie
encore chez les Jong; les Jong s'étaient vu affecter, précisément pour

régler les alliances matrimoniales; le nom Ki 姬. — SMT, IV, p. 259 :
le duc Hien de Tsin, marié à Ts'i (nom Kiang), épouse en outre deux
barbares Ti.

outre que, lorsqu'on mentionne de telles unions, c'est pour expliquer des troubles qui ont amené les seigneuries près de leur ruine. Celle-ci manque d'arriver à la suite de querelles de succession où l'on voit les fils des princesses de nom différent se disputer l'héritage paternel, soutenus chacun par la famille de leur mère (1).

D'après les auteurs chinois, les législateurs avaient interdit de prendre femmes dans des familles différentes afin d'éviter les querelles de gynécée (2). Seules des femmes unies par des liens de parenté ne pouvaient pas être divisées par la jalousie 嫉妬. La jalousie, selon eux, est la principale des causes qui affaiblissent les états. Ils l'expliquent ainsi : une princesse jalouse s'efforce de garder pour elle seule les faveurs de son époux (3); elle cherche à écarter les autres femmes du lit seigneurial. Une princesse digne de ce nom, au contraire, telle par exemple que T'ai Sseu, la femme du roi Wen, fondateur de la dynastie Tcheou, permet à toutes les autres épouses d'approcher du seigneur conformément à l'ordre établi par les Rites (4). Aussitôt une nombreuse descendance, cent fils dit-on, vient rendre manifeste le Bonheur qui fait que la race des Tcheou mérite de régner et la lignée princière apparaît indestructible, à l'égal d'une race de sauterelles, seuls animaux qui ne connaissent point la jalousie (5).

---

(1) Voir XI et tout au long dans SMT, IV, p. 59, sqq. l'histoire de la succession du duc Houan de Ts'i.

(2) Cf. IV b.

(3) Voir dans le Che King les préfaces des chansons du Tcheou nan et du Chao nan. Voir en particulier dans *Fêtes et chansons* les nᵒˢ VI, LVI.

(4) Cf. *Fêtes et chansons*, XXXIX et LVI et les textes groupés dans la présente étude, *in* XLIV.

(5) Cf. Sauterelles ailées, *Fêtes et chansons*, nᵒ VI.

L'histoire féodale montre que bien souvent, contrairement aux théories des glossateurs, les troubles dynas-
tiques sortaient des querelles d'enfants trop nombreux ;
mais elle montre surtout que ces querelles prenaient
plus de gravité lorsque des familles maternelles différentes soutenaient la cause des frères ennemis. On peut
dès lors se demander si l'interdiction d'épouser des
femmes de familles différentes n'était pas une simple
conséquence de cette règle fondamentale de la société
chinoise : Ne pas chercher à sortir d'un système consacré
d'alliances, se borner, par des intermariages, à conserver
des relations éprouvées (1), ne point chercher, en un mot,
à compliquer par des innovations dangereuses les groupements traditionnels de familles. Cette induction paraîtra
sans doute plus légitime si l'on considère que l'obligation
de n'épouser que des femmes d'une même famill e se
doublait de l'obligation de ne se marier qu'une seule fois.

A première vue, la règle qui imposait de ne se marier
qu'une fois contraste avec l'image qui dotait chaque Noble
d'une pluralité d'épouses et qui l'autorisait en outre à
acheter des concubines 買妾 ; mariage unique et harem
nombreux, voilà qui peut étonner, surtout quand on sait
que les auteurs chinois voient dans l'interdiction des
secondes noces une mesure législative adoptée pour
réfréner le goût de la débauche (2), 一娶何. 防淫佚
也. Mais il est facile de comprendre à quoi répond leur
idée. Des concubines achetées sont des femmes sans statut
juridique, sans importance et sans relations ; si l'une d'elles
devient une favorite, sans doute elle peut exercer sur le

(1) Cf. *Fêtes et chansons*, Les joutes. Voir Kouo yu, Tsin yu.
(2) Po hou t'ong, Mariage. Cf. IV *b*.

seigneur une influence pernicieuse ; mais cette influence
a des chances de rester sans grande conséquence, parce
que la concubine n'a point derrière elle toute une parenté
pour la soutenir. Entre les femmes épousées en un seul
mariage, il y a un ordre de préséance établi dès avant les
noces et que le mariage confirme ; d'où la possibilité d'une
discipline qui est un obstacle à l'influence éxagérée que
sa beauté pourrait procurer à l'une d'elles : mais surtout,
toutes étant de même famille, toutes représentant les
mêmes intérêts extérieurs, les rivalités qui peuvent surgir
entre elles ne sauraient être des facteurs d'anarchie, car ils
n'ont point pour retentissement des conflits entre familles.
Au contraire, un deuxième mariage peut être l'origine des
troubles les plus graves ; il peut l'être même s'il est
contracté dans la même famille que le premier : car il est
difficile d'établir une hiérarchie entre les femmes épousées
en deux fois ; entre elles, comme entre leurs enfants, se
posent des questions de préséance, d'où peuvent résulter
de terribles conflits (1). Mais, si le 'deuxième mariage
amène à faire jouer dans la politique du pays une deuxième
influence familiale, il risque encore plus d'entraîner les
pires désordres ; la rivalité des épouses met leur parenté
en état de guerre : il en est ainsi chez le vulgaire. Les
complaintes des femmes délaissées au profit d'une nouvelle épousée nous parlent toujours de l'intervention des

___

(1) Les troubles du pays de Lou racontés au début du Tsouo Tchouan
proviennent d'un deuxième mariage, conclu contrairement aux règles et
pour des raisons exceptionnelles, savoir un prodige. Le duc Houei de
Lou, déjà marié à Song (nom Tseu) et ayant de son premier mariage
un fils destiné à lui succéder, épouse encore à Song une princesse qui
lui donne un autre fils · d'où les troubles qui divisèrent Lou entre les
ducs Yin et Houan. On peut voir, d'après les gloses, que la question
juridique était délicate : les auteurs chinois hésitent pour savoir lequel
des deux ducs était appelé par le droit à prendre le pouvoir.

frères (1). Cette intervention, quand il s'agit de princes, c'est un conflit entre seigneuries, c'est le mariage qui cesse d'être un principe d'alliance, favorable à tout un pays, pour devenir l'occasion d'une vendetta qui met deux peuples sous les armes (2). Interdire à un prince de se marier plus d'une fois, ce n'est pas tant lui interdire les fantaisies de la passion, que des concubines peuvent satisfaire, qu'empêcher les conséquences néfastes de son goût, s'il voulait se manifester en caprices matrimoniaux.

Ne se marier qu'une fois est une règle stricte : elle ne veut pas seulement dire que, tant que vivent les femmes que l'on a d'abord épousées, on n'a point le droit de se marier à nouveau ; elle ordonne que l'on ne se marie qu'une fois dans sa vie (3), 一娶而已. L'avenir matrimonial d'un homme est circonscrit une fois pour toutes par son mariage : par lui, il contracte une alliance unique, et c'est assez. On voit aisément que cette prescription est conforme au désir de conserver quelque stabilité aux groupements de familles seigneuriales qui sont le fondement de la politique féodale. Aussi, pour les seigneurs, cette règle est-elle impérieuse (4).

Elle l'est moins pour les autres nobles. Sans doute l'usage veut que l'on considère avec défaveur les seconds mariages : c'est un malheur que d'y être réduit (5). Encore y a-t-il un cas où l'on y est obligé, et ce cas est

---

(1) Cf. Che King, Pei fong Couv. p. 40. Nouvelle épousée 新婚 expression qui indique une deuxième alliance matrimoniale. Voir encore ibid., 67, et *Fêtes et chansons*, nº LXVI.

(2) Cf. SMT, IV, 52.

(3) Po hou t'ong, Mariage.

(4) Po hou t'ong, Mariage 人君無再娶之義.

(5) Voir Li Ki. Couvreur, I. pp. 40, 52.

instructif. La vie sexuelle d'un homme se termine, disent
les rites, à soixante-dix ans (1). C'est aussi l'époque de
la retraite, tant pour la vie publique (2) que pour la vie
familiale : un homme de soixante-dix ans ne doit plus se
marier (3) et à plus forte raison se remarier, sauf au cas
où il est chef de famille et chef de culte 宗子 et où il n'a
point d'héritier à qui il puisse transmettre ses fonctions.
Alors il peut et il doit prendre une femme (4), car un chef
de culte a besoin, absolument, pour exercer son sacerdoce
de la collaboration d'une femme qui préside à ses côtés
aux cérémonies cultuelles 主婦.

Dans la famille des temps féodaux, le mariage a moins
pour but de permettre à la race de se perpétuer que de
fournir au mari une collaboratrice indispensable dans le
service du culte ancestral. Quand on prend femme, c'est
de cette nécessité où l'on est d'avoir une collaboratrice au
sacerdoce que l'on s'autorise pour obtenir d'une famille
qu'elle donne un de ses enfants (5). Quand on répudie une
épouse, c'est en prétextant une incapacité de collaborer
avec elle dans les fonctions sacerdotales que l'on espère
faire accepter son renvoi à sa famille natale (6). D'où vient
la nécessité de cette collaboration, indispensable au point
de rendre légitime un manquement à la règle qui interdit

---

(1) La vie masculine est réglée par le chiffre 8 : première dentition
8 mois, deuxième 8 ans, puberté 16 ans (8 × 2), fin de la vie sexuelle
70 ans (8 × 8 = arrondis 70). Cf. Li ki, Nei tsö, Couvreur, I, p. 661,
gloses de Tcheng. Chouo wen v° 包 et Houang ti Nei King, ch. 1.

(2) Cf. Li Ki, Couvreur, I, pp. 315, 316 et 651.

(3) Voir SMT, V, 287, les discussions relatives au mariage du père de
Confucius.

(4) Li Ki, Couvreur, I, p. 418.

(5) Cf. Li Ki, Couvreur, I, p. 606.

(6) Cf. Li Ki, Couvreur, II, p. 197.

les seconds mariages, comme à celle qui défend les mariages tardifs?

D'après les auteurs chinois, les cérémonies du temple ancestral mettent en évidence deux principes antithétiques et solidaires (1). L'un est celui de cette collaboration indispensable des époux 夫婦之親, l'autre est celui qui contraint les époux à vivre strictement séparés 夫婦之別. Ce deuxième principe n'est pas autre chose que l'application au ménage d'une règle générale qui prescrit la séparation des sexes 男女之別. C'est de cette règle que les Chinois font dériver l'obligation exogamique.

Pour manifester de façon éclatante le principe de la séparation des sexes, fondement de toute l'organisation sociale, il faut ne point prendre femmes parmi ses parentes; le mariage unit des personnes étrangères. Il ne les rapproche pas au point de supprimer leur antagonisme fondamental; les époux ne forment qu'un corps 一體 mais composé de parties qui, pour être étroitement unies, n'en sont pas moins foncièrement antithétiques (2). Pour maintenir ensemble les parties adverses qui forment un ménage, il ne faut rien de moins que la pratique constante d'observances dont la rigueur s'atténue au terme de la vie sexuelle (3) et qui ne prennent véritablement fin qu'à la mort (4), lorsque les époux forment un couple ancestral (5). Cette série d'observances commence avec les céré-

(1) *Ibid.*, II, pp. 645 et 325.

(2) Yi li, Gloses au chap. du deuil, Steele, II, p. 17.

(3) Cf. Li Ki, Nei tsö, Couvreur, I, p. 66o. Ce terme arrive quand la femme a 5o ans, le mari 70, c'est-à-dire au moment où ce dernier prend sa retraite et abandonne le sacerdoce des ancêtres à son successeur.

(4) Che King, Couvreur, p. 83. Voir *Fêtes et chansons*, n° XLIII.

(5) Grâce au rite 祔. Cf. Li Ki, Couvreur, I, pp. 132, 76o, 767 et 769.

monies du mariage ; pour que toute la chaîne qu'elles
constituent, conduise à une bonne fin, il importe que le
début en soit régulier. L'accoutumance conjugale nécessaire à la collaboration des époux, même si le ménage
s'efforce de l'obtenir par les rites appropriés, ne sera
jamais parfaite si les époux n'ont pas été appariés conformément aux règles prescrites. L'une des plus importantes
est celle qui ordonne de se marier à un âge déterminé. Il
n'y a de couple conjugal digne du sacerdoce jumellé qui
lui incombe, que celui dont le mariage s'est fait, selon les
coutumes féodales, quand l'homme avait trente ans et la
femme vingt (1). On voit que c'est seulement une fois dans
sa vie qu'un homme peut se marier de façon à fournir aux
ancêtres la servante qu'ils exigent : un seigneur, pour qui
le culte ancestral a plus d'importance que pour personne,
ne peut donc contracter qu'un seul mariage valable, le
premier.

Mais, pourquoi la collaboration d'une épouse est-elle
nécessaire dans le service du temple ? Les règles 'de
l'organisation du culte dérivent presque toutes d'une
certaine disposition du temple ancestral. Les tablettes des
ancêtres auxquels se rend le culte sont classées par générations alternées, celle du père et du bisaieul étant d'un
côté de l'édifice, celles du grand père et du trisaïeul de
l'autre. Cette disposition, que les textes appellent l'ordre

昭穆 du temple ancestral, implique que la parenté est
répartie en deux groupes, les membres de deux générations successives ne faisant jamais partie du même
groupe ; elle s'explique par un état ancien de la famille

(1) Cf. Li Ki, Couvreur, I, p. 18. Voir Granet, *Anciennes coutumes
matrimoniales* in *T'oung pao*, XIII, p. 521 et *Fêtes et chansons*, n⁰ˢ I,
XXII.

chinoise (1) dans lequel, par un effet de la filiation utérine, le fils ne pouvait se trouver dans le même groupe que son père, tandis que le petit-fils était nécessairement du même groupe que son grand-père paternel, le mariage se faisant obligatoirement entre cousins issus de frères et de sœurs. Il en résulte qu'un homme n'est point qualifié pour rendre à lui seul les honneurs cultuels à tous ses ancêtres ; il ne peut les adresser valablement qu'à son grand-père et à son trisaïeul, car il est du même côté de la parenté qu'eux-mêmes : mais, si son mariage est normal, si sa femme est la fille de la sœur de son père, cette femme (qui fait nécessairement partie du même groupe que son oncle maternel 舅, savoir son beau-père) est parfaitement qualifiée pour le sacerdoce du culte du père et du bisaïeul. Et l'on voit que la collaboration sacerdotale des époux est en effet obligatoire parce qu'elle dérive, comme les auteurs chinois en conservaient la tradition, des prescriptions anciennes relatives à l'exogamie, conséquences elles-mêmes de la règle ordonnant la séparation des sexes. On voit aussi que, pour obtenir que la femme fût une véritable collaboratrice, il fallait qu'elle appartînt à la même génération que son mari. D'où l'obligation de se marier à âge fixe, qui revient à exiger que les époux soient de la même promotion (2), d'où le mépris des unions disproportionnées (3), d'où la prohibition du mariage, quand, deux familles étant déjà unies par une alliance matrimoniale, la

(1) On voudra bien admettre provisoirement l'explication que j'indique ici à grands traits : elle sera justifiée dans le chap. VI de *La Famille chinoise des temps féodaux*.

(2) C'est-à-dire que l'époux et l'épouse aient reçu en même temps le bonnet viril et l'épingle de tête, signes de la majorité.

(3) Qualifiées d'unions sauvages : 野合. Voir SMT. V, 287, les notes de M. Chavannes sur le mariage du père de Confucius.

femme et celui qu'elle épouserait se trouvent classés, du fait de l'alliance établie, dans des générations différentes (1).

Ainsi les règles qui exigent que l'on se marie à l'âge requis et une seule fois dans sa vie, de façon à obtenir de sa femme l'aide cultuelle dont on a besoin, se rattachent à d'anciens usages grâce auxquels un certain état d'équilibre traditionnel était assuré, dans les communautés locales, par la régularité des échanges matrimoniaux. J'en conclus que, si les nobles de l'époque féodale étaient obligés de prendre femmes dans une seule famille et une fois pour toutes, cette règle avait pour fonction de circonscrire dès l'origine leur avenir matrimonial et de donner par là quelque stabilité aux groupements d'alliances qui formaient le fondement de la confédération chinoise. Et si, précisément, cette double règle n'est demeurée stricte, dans ses deux parties, que pour les seigneurs seulement, c'est que, pour les autres classes de la noblesse, la stabilité des alliances matrimoniales, loin d'aider à l'équilibre général, eût fait obstacle à l'exercice de la toute puissance seigneuriale.

Celui qui s'engage une fois pour toutes dans une alliance matrimoniale avec une famille unique ne serait point payé de retour, si cette famille ne se donnait pas à l'alliance intégralement. Ainsi s'explique l'obligation où celle-ci se trouve de donner comme épouses non pas une mais autant de femmes que l'exige le rang de son gendre ; car c'est d'après lui que se mesure l'importance de l'alliance offerte.

(1) Voir P. Hoang, *Le Mariage chinois*, p. 69 (note) et rapprocher les développements consacrés à l'ordre 昭穆 dans le Li Ki, Couvreur, I, pp. 779, 780 et dans la glose au chapitre du deuil du Yi li Steele, II, p. 29.

Un noble recevait en mariage un lot de femmes suffisant pour qu'il fût assuré de toujours fournir une servante à ses ancêtres. Il les épousait en une fois, par le même contrat et dans une cérémonie unique ; il les épousait toutes ensemble (1) mais contractait avec chacune d'elles un lien particulier selon la hiérarchie qui existait naturellement entre elles d'après leur naissance. L'aînée devenait la femme principale 嫡 ; épousée par un seigneur elle avait seule le rang de princesse 夫人. C'est que, dès la cérémonie du mariage, elle était placée sur le même rang que son mari. Au repas des noces, l'époux et sa femme aînée se placent côte à côte, mangent ensemble des mets servis par deux ou par moitiés, font un nombre égal de libations et boivent dans une même calebasse divisée en deux parties égales (2). Les autres femmes n'ont pas le droit de manger avec leur seigneur, elles ne communient point avec lui sur un pied d'égalité, elles mangent ses restes, comme fait un vassal (3). Cette communion, plus ou moins complète, se renouvelle, avec les mêmes différences hiérarchiques, après un accouchement, avant que le mari reprenne des relations sexuelles avec l'épouse délivrée (4). Par ces rapprochements substantiels, toutes les femmes obtiennent le droit de venir partager le lit du sei-

(1) Il les épouse toutes ensemble et par un contrat unique : de même, s'il les répudie, c'est aussi toutes à la fois. Voir X : Un mari répudie par politique toutes les femmes épousées dans un premier mariage; bien qu'il ait de l'amour pour la cadette de la première épouse ; par politique encore, il se remarie, puis, par amour, reprend la cadette : il est alors accusé de bigamie.

(2) De petits détails rituels et l'ordre des actes de la cérémonie indiquent seuls que le mari a la préséance. Voir Yi li, Mariage, et Li Ki, Houen yi.

(3) Cf. XXXVII.

(4) Li Ki, Couvreur, I, pp. 668 et 670.

gneur ; elles n'y vont pas toutes avec la même pompe, les
cadettes moins souvent que l'aînée et sans jamais rester
auprès de lui une nuit tout entière (1). Une fois rapprochées de l'époux par les rites nuptiaux, toutes pénètrent
dans sa famille ; toutes sont présentées aux beaux-parents ;
sans doute la première épouse joue le rôle principal ;
elle fait l'offrande au beau-père et à la belle-mère et elle
mange la première les restes ; mais les autres en mangent
à leur tour et toutes, selon leur rang, reçoivent des parents
du mari, une coupe de liqueur, signe qu'ils les recon-
naissent comme brus, témoignage qu'elles sont dès lors
considérées comme appelées à succéder éventuellement
à leur belle-mère dans ses fonctions de maîtresse de maison (2) Enfin toutes sont admises à collaborer au culte
ancestral, l'épouse principale pour y présider à côté du
mari, les autres pour aider leur aînée, de la même façon
que les frères cadets viennent, en ce cas, aider le chef de
famille (3).

Ni les ancêtres, ni les beaux-parents, ni le mari ne se
voient privés d'une servante ou d'une auxiliaire indispensable, si l'épouse vient à mourir : celle de ses suivantes
qui vient immédiatement après elle en dignité, est toute
prête pour la suppléer. La suppléante 繼室 (4) remplit à

(1) *Fêtes et chansons*, n° LXVII. Cf. les textes rassemblés au n° XLIV
part. XLIV, *b*.

(2) Yi li, Mariage : Rapprocher l'octroi de cette coupe de liqueur d'un
geste rituel identique fait par le père à la cérémonie de majorité de
son fils. Cf. Yi li, Majorité et Li Ki, Kouan yi.

(3) Cf. *Fêtes et chansons*, n° LVI.

(4) Femme qui succède dans la chambre conjugale : comparer les
expressions modernes employées pour désigner la femme épousée en
secondes noces. Cf. p. 6, n° 3. — Une des explications données par les
Chinois de l'interdiction des secondes noces est qu'elle est fondée sur le
droit des suivantes à suppléer leur aînée : On ne se remarie pas, pour

ouvrir un chemin, un avenir, aux Suivantes 開媵路.

la place de la défunte toutes les fonctions qui lui étaient dévolues : car elle est déjà accoutumée au mari et incorporée à la vie familiale. Elle tient la place de l'aînée, comme un cadet tient celle du premier-né, si celui-ci meurt sans successeur (1). Cadet ou suivante tiennent la place pour le compte du mort; ils ne le remplacent pas ; ils n'accèdent pas à une dignité nouvelle ; la Suivante ne prend point le titre de princesse (2); le gouvernement du cadet ne compte point pour un règne (3). Il n'y a de succession qu'entre générations différentes ; entre les membres d'une même génération, il n'y a qu'une substitution de personnes qui n'implique aucun changement de fond, tant est resté puissant, dans le droit chinois, ce principe hérité du temps où la parenté était une parenté de groupes, savoir qu'il y a entre les parents d'une même génération une identité substantielle telle qu'elle rend leurs personnalités indistinctes, ou telle, si l'on veut, qu'ils ne forment qu'une personnalité juridique collective.

Cette idée, de toute évidence, est au fond du type de contrat qui rend possible l'institution polygynique, institution essentielle dans un système féodal où l'idée d'un équilibre traditionnel des groupements familiaux joue le rôle que l'on sait. Or, il est clair, d'autre part, que cette idée se trouve en contradiction avec les principes juridiques de la famille féodale, dans laquelle les liens de parenté sont avant tout des liens personnels. Donc, pour si fondamentale que soit cette idée, il n'y a pas lieu de s'étonner si les coutumes polygyniques n'ont pas pu se développer dans la

(1) Cf. p. 43.
(2) Cf. 1 a.
(3) Cf. I. Le Tch'ouen Ts'ieou s'abstient d'indiquer l'accession au pouvoir pour Yin, prince de Lou : Houan, considéré comme fils principal, premier-né (Yin n'étant l'aîné que par l'âge) est censé régner : Yin gouverne pour le compte de Houan.

société noble sans y porter atteinte. Bien que, par essence, la polygynie semble être sororale, les habitudes de la noblesse admettent dans un lot d'épousées d'autres parentes que des sœurs. Nous allons essayer de comprendre les raisons précises d'un tel manquement au principe de l'usage.

Une famille qui s'alliait à un noble ordinaire devait lui donner deux épouses, trois à un grand officier, neuf à un seigneur, et, selon les traditions, neuf ou douze au roi (1). Ces différences marquent sans doute les valeurs diverses qu'on attache à l'alliance des nobles de divers rangs : à l'alliance la plus honorable, à l'allié le plus puissa·· et qui peut le plus exiger, on donne le plus. Le plus riche a droit aux prestations les plus abondantes et l'abondance de femmes est un des signes extérieurs les plus éclatants de la Fortune féodale.

Le duc de Ts'in, qui croit Tch'ong-eul réservé à la plus haute destinée, lui envoie une prestation du chiffre exceptionnel de cinq femmes (2). Houan, duc de Ts'i, qui aspire à l'hégémonie, se constitue un harem comparable à celui du fils du Ciel (3). Kouan Tchong, puissant ministre, prend

(1) Le Po hou t'ong indique les deux traditions 天子諸侯一娶九女 et 天子娶十二女. Ho Hieou (cf. III *k*) affirme que le fils du ciel et lui seul prenait douze femmes 唯天子娶十二女. Cette deuxième version est la seule qui rende compréhensible l'histoire de Po Ki, fille de Lou, qui, allant comme épouse chez un seigneur, emmena avec elle ouze suivantes. Il est vraisemblable que les fils du ciel, après s'être contentés du statut matrimonial des seigneurs régnants, voulurent se distinguer et firent passer le nombre de leurs épouses de neuf, chiffre terrestre, à douze, chiffre céleste.

(2) SMT, IV. 289.

(3) XI.

autant de femmes qu'un seigneur (1). Les seigneurs de Lou, qui descendent du fondateur de la dynastie Tcheou, profitent du renom de sagesse de leur fille Po Ki pour lui donner autant de suivantes que si elle eut fait un mariage royal (2). Le faste matrimonial donne aux seigneuries un prestige dont est fait en partie leur puissance : on le sent bien à lire les épithalames du Che king (3). Celui, en particulier, qui fut fait pour le mariage du prince de Han, donne nettement l'impression que l'immense Fortune de ce seigneur lui vint de la gloire dont le couvrit la splendeur de ses noces. C'était donc par le mariage que l'on se classait, et il n'y aurait plus eu aucune stabilité dans la hiérarchie féodale, si l'étiquette n'avait pas imposé à chacun le nombre protocolaire d'épouses qui correspondait à son rang, et mesurait au juste sa part légitime de prestige.

Ainsi une famille est tenue de fournir à son gendre le nombre régulier de femmes auquel lui donne droit son rang nobiliaire. Il est remarquable que, quel que soit ce nombre, c'est toujours, à tous les degrés de la hiérarchie sauf un (4), un nombre représentatif de la totalité. Un seigneur, dit le Po hou t'ong, a droit à neuf femmes : il se règle sur la terre qui possède neuf départements, lesquels suffisent à tout produire sous l'influence de l'action céleste (5) ; de même il ne faut pas au prince plus de neuf

(1) XXIII.
(2) III, III *g*, III *k*.
(3) Nᵒˢ XXVI et XXVII
(4) Dans le cas des Nobles du dernier rang.

(5) Po hou t'ong, Mariage : 法地．有九州．承天之施．無所不生也．取九女亦足以成君施也．而無子．百亦無益也．

femmes pour exercer son action de façon complète. Qui
avec neuf femmes n'aurait point d'enfants n'en aurait pas
plus avec cent (1). Le fils du Ciel qui prend douze femmes
se règle sur le Ciel qui n'a besoin que de douze mois pour
tout produire (2). Ainsi c'est assurément une marque plus
éclatante d'honneur de prendre douze et non pas neuf
femmes ; mais avec neuf on a autant de garanties de Bonheur féodal qu'avec douze. Avec trois femmes seulement
un grand-officier n'a pas moins de garanties, car si trois
est le plus petit des nombres symboliques de la totalité,
il est peut-être celui qui la représente le plus parfaitement (3). Au reste, neuf et douze ne sont que des multiples
de trois : ils symbolisent, si je puis dire, une surenchère
de la totalité. Comme les grands-officiers, seigneurs et
fils du Ciel ne prenaient pas plus de trois femmes dans
une seule branche familiale ; seulement ce n'était point une
seule branche familiale qui était tenue de leur donner
en mariage un nombre de ses filles, représentatif de la
totalité, c'était trois (4) branches familiales, qui leur
en fournissaient chacune autant : trois c'est-à-dire toutes.
Tandis qu'un seul rameau familial épuisait ses ressources
pour mériter l'alliance d'un grand-officier, il fallait pour

(1) Neuf est, dans l'ordre Yang, le symbole de la totalité. Cf. IV b.

(2) Po hou t'ong, Mariage. 法天．有二十月．萬物必
生也.

(3) Cf. XXIV. note 3.

(4) Quatre pour le fils du ciel dans le cas où l'on admet la version
qu'il recevait douze femmes : quatre est aussi un signe du tout.

L'on peut dire que 3×3 égale en valeur symbolique 3×4 ; l'histoire
de Chine hésite souvent entre les nombres 9 et 12. Il y a des chances
que le fils du ciel ait d'abord épousé neuf filles venues de trois États ;
puis il parut bon de le distinguer des seigneurs ordinaires, et on lui
attribua comme nombre, un nombre qui fut, comme l'autre, un signe de
totalité, mais d'un ordre plus élevé.

obtenir celle d'un seigneur, prince souverain dont le prestige rayonne dans toute la confédération féodale, épuiser toute sa parenté et faire collaborer aux prestations, au moins symboliquement, toutes les seigneuries de même nom.

Les nombres protocolaires qui règlent les prestations de l'alliance matrimoniale indiquent emblématiquement qu'elles doivent avoir un caractère complet. Sans doute un grand-officier (1) ne se voit fournir de femmes que par une seule branche familiale, sans doute aussi un Noble ordinaire n'a-t-il droit qu'à deux épouses (et deux n'est point signe de la totalité) : même pour eux, le terme employé pour désigner la prestation qui détermine l'alliance, indique qu'il est de son essence d'être complète. Le mot rituel qui l'exprime (2) est le mot 備, qui signifie la plénitude et la totalité (3). Il est l'équivalent des mots 盈, 成, qui tous

(1) Po hou t'ong. Mar. 大夫不備姪娣何. 北面之臣賤不足盡執人骨肉之親. Un grand-officier n'obtient pas un lot complet de suivantes parce qu'un vassal, n'étant pas souverain, n'a point assez de dignité pour épuiser à son profit toute une parenté.

(2) On l'emploie pour les seigneurs et grands-officiers dans la cérémonie de la délivrance définitive des épouses, faite par leur famille trois mois après les noces 致女. Voir Li Ki, Kiu li, II, 3. Dans le mariage noble on le retrouve employé dans la formule solennelle du rite des fiançailles appelé « la demande du nom » 問名. Cf. Yi li. Mémoires annexes au chap. du Mariage. Steele, I, p. 37 (La traduction donnée par Steele de ce passage est incompréhensible). Cf. sur l'expression 備數 II c.

(3) Sur la valeur de 備 voir Li Ki, Couvreur, I, pp. 493, 458, II, pp. 318, 322. Cf. XXX vers 12.

donnent l'idée de plein, de complet, de parfait. Dans la
poésie, ce sont les cent chars de la pompe nuptiale (1)
— cent est un signe de la totalité — qui reviennent rituel-
lement signifier, par emblème, que la prestation est complète, comme il se doit.

> C'est la pie qui a fait un nid,
> Ce sont ramiers *plein* ce nid-là !
> Cette fille qui se marie
> De cent chars d'honneur *comblez-la !*

Quand une famille contracte une alliance par mariage,
elle remet à son gendre autant de femmes que son rang
le mérite et que l'importance de l'alliance l'exige, mais la
prestation qu'elle fournit alors est toujours un signe
qu'elle ne ménage rien pour se donner entièrement à
l'alliance contractée. Pourtant, il est remarquable qu'en
aucun cas le lot d'épouses qui symbolise numériquement
le caractère intégral de l'alliance, ne peut être pris entièrement parmi les filles d'une même génération. Dans
chacune des branches familiales qui lui envoient des
femmes, un seigneur ni un roi ne peuvent prendre plus
de deux sœurs 不參一族 (2) : quel que soit leur prestige, ils n'en peuvent prendre trois ; celui qui oserait le
faire, tel le duc K'ang de Mi, donnerait la preuve d'une
arrogance qui, à coup sûr, déterminerait sa perte : c'est
un excès punissable qu'épouser trois sœurs, car c'est
signifier, de manière symbolique, que l'on prétend accaparer (3) toutes les ressources dont une famille dispose,

(1) Cf. XXX et XXVII *b*.
(2) Voir XXIV.
(3) Il est très curieux de retrouver dans l'histoire du duc K'ang
pour signifier l'accaparement total 備物 ce terme 備 qui désigne
la prestation symboliquement complète de l'alliance matrimoniale. Ce
rapprochement de termes fait sentir l'embarras du droit féodal : d'une

dans le présent, pour fournir à ses alliances. Ainsi, il faut, d'une part, que l'alliance soit intégrale et, d'autre part, qu'elle ne le soit point absolument. Cette règle contradictoire s'explique par le double besoin qui était au fond de la société féodale : conserver la stabilité due aux groupements traditionnels et laisser pourtant une certaine liberté qui permette les accroissements de prestige et les développements d'influence.

C'est de ce besoin contradictoire qu'est sortie une transformation notable de l'institution polygynique. Les Nobles, soumis au pouvoir seigneurial, ne furent point autorisés à former des groupements familiaux trop étroitement solidaires; les alliances matrimoniales qu'ils eurent le droit de former, ne le furent point par des prestations d'un type exhaustif: ils ne purent obtenir de leurs alliés que deux filles, garantie insuffisante de l'intégralité et de la permanence des liens créés entre les familles par le mariage (1). Chaque seigneur fut obligé de tenir compte du désir qu'avaient tous les autres d'accroître leur champ d'influence; il n'osa pas exiger des prestations qui fussent l'emblème d'une alliance intégrale; il obtint du moins de recevoir par elles les gages d'une entente durable (2) : les lots d'épouses qui lui étaient dus ne comprirent chacun que deux sœurs, mais il furent complétés par l'appoint

part, les groupements des familles reposaient sur des alliances qui étaient traditionnelles et qui avaient, par cela même, un caractère d'absolue obligation : les alliés devaient mutuellement se confier toutes les garanties possibles. D'autre part, le besoin d'accroître ce prestige nécessaire au pouvoir féodal par des alliances nouvelles faisait désirer qu'il restât dans les systèmes d'alliance une possibilité de jeu.

(1) En revanche, les Nobles possèdent le droit de contracter des mariages successifs. Voir plus haut. — Les Nobles épousent d'ordinaire deux sœurs, mais ils peuvent aussi bien, sous l'influence des usages seigneuriaux, épouser une femme et sa nièce.

(2) Un seigneur ne se marie qu'une fois.

d'une nièce; ils n'épuisaient point toute une génération, mais ils apportaient par avance un lien avec la génération suivante. La famille des femmes ne se donnait point absolument à l'alliance conclue, elle se réservait la possibilité d'autres alliances contrebalançant la première; mais elle s'engageait à conserver à celle-ci le premier rang; pour cela, elle donnait comme gages, avec une fille aînée et une cadette, leur nièce, fille de leur frère aîné 兄之女, c'est-à-dire un membre de la droite lignée qui fournit les chefs de famille (1). Ainsi les familles alliées se livraient incomplètement l'une à l'autre et prenaient en même temps souci de l'avenir. Prendre une nièce dans un lot d'épouses, s'emparer par avance de garanties sur la génération suivante, c'est manifester le désir que le rapprochement des familles soit durable, mais c'est aussi indiquer qu'elles ne forment point un groupement d'une permanence assurée.

On voit assez bien comment les nécessités de l'organisation féodale ont amené à compléter les lots d'épouses avec une nièce : mais il est clair que c'est là une innovation en contradiction avec les principes des usages polygyniques. Pour qu'ait été possible la création, par un mariage unique, des liens divers qui unissaient le mari à toutes ses femmes, pour qu'elles aient pu se suppléer l'une l'autre sans que se sentît aucun changement, il faut

(1) Cet avantage d'être par avance lié avec le successeur éventuel du chef de la famille à laquelle on s'unit, fut certainement très vivement senti. Il y eut en effet une tendance (cf. I b) à faire passer la nièce avant la cadette ; cette tendance est d'ailleurs conforme aux principes de la parenté féodale, où la succession se fait par lignée, tandis que dans le système populaire et ancien, il y a succession seulement quand la génération la plus ancienne, dont les membres se suppléent l'un après l'autre, est épuisée. — Les grands officiers, dont le pouvoir, bien que précaire en théorie, était pratiquement héréditaire, eurent aussi droit à une nièce : pour eux, comme pour les seigneurs, l'importance prise par l'idée de race amenait au premier plan le souci du futur.

supposer qu'il existait entre elles une espèce d'identité
foncière qui n'est convenable qu'entre sœurs, et qui ne se
conçoit que dans le cas où la parenté est une parenté de
groupes. En fait, la règle qui impose une nièce comporte
des difficultés que les Chinois ont senties : il y a de grandes
chances qu'il y ait entre elles et ses tantes une assez
forte différence d'âge ; comment pourront-elles se marier
ensemble et toutes ayant sensiblement vingt ans, âge
requis ? Si la nièce attend d'avoir l'âge dans la maison
natale (1), autre difficulté : comment peut-elle être liée
par les rites du contrat matrimonial ? Comment peut-il
y avoir mariage unique, ce qui est un des principes
essentiels de l'institution ? Il est du reste remarquable
que toutes les suivantes dont nous parlent les chroniques sont des cadettes et non des nièces (2). Le texte
du Yi-li ne parle que de la cadette (3). Le Yi King ne
mentionne qu'elle (4). Elle est seule à figurer dans le Che
King (5). Le roi Ling de Tch'ou fut enterré avec les deux
filles d'un vassal fidèle qui en fit ses épouses mor-
tuaires (6). Chouen épousa deux sœurs, les filles de
Yao (7). Le duc K'ang ne rencontra sur les bords de la
King que des sœurs (8). Kien Ti n'était accompagnée que
par sa cadette quand elle prit part, auprès de la rivière

(1) Cf. II.
(2) II. Chou Ki, cadette de Po Ki. — IV. Cadette de Hou Ki. — VII.
Chou Kiang, cadette de Ngai Kiang. — VIII. Cheng Sœu. cadette de
Tai Sœu. — IX. Ta'i Kouei, cadette de King Kouei. — XI. Wei Ki,
aînée et cadette. — XV, XVII.
(3) Steele, I, p. 23 sqq. et XXXI à XL.
(4) Hexagramme 歸妹.
(5) XXVII, vers 9.
(6) XIX.
(7) XXI.
(8) XXIV.

du tertre Yuan aux fêtes printanières du mariage (1).

La polygynie que pratiquait la noblesse féodale est loin d'être une invention cohérente du législateur. Elle commença par être strictement sororale, puis prit une forme plus compliquée : cette transformation, qu'expliquent les principes de l'organisation féodale, put se faire seulement lorsque, d'une part, les groupements traditionnels de familles ayant perdu leur caractère impérieux, on voulut donner à l'alliance matrimoniale une base moins large et plus durable, et que, d'autre part, la reconnaissance des liens individuels de parenté et la primauté donnée aux lignées directes laissèrent concevoir autant d'intimité entre une nièce et sa tante qu'entre deux sœurs. Puisque, sous l'influence du droit féodal, l'institution dévia de ses données premières, il y a lieu de croire qu'elle n'est point une institution proprement féodale, mais héritée d'un droit plus ancien. Or, elle suppose des groupements traditionnels de familles obtenus par un système d'alliances matrimoniales définitives et complètes, stables et intégrales, que l'on retrouve précisément dans le droit populaire. On peut donc penser que la polygynie sororale pratiquée par la Noblesse des temps féodaux dérive des institutions matrimoniales du droit populaire. Celui-ci, en même temps qu'il admet l'existence de la parenté de groupe, ne connaît point celle d'autorités domestiques ou autres. Il ne connaît aucun chef de famille ou de culte autorisé à conclure au bénéfice de la famille, mais en son nom personnel, une alliance matrimoniale : en conséquence, il y a lieu de supposer que le contrat matrimonial, qui, dans l'institution polygynique, engageait d'un seul coup un groupe de femmes et, primitivement, un groupe de sœurs, devait aussi, à l'origine, engager d'un seul coup un groupe de

(1) XXII a.

frères. Peut-on retrouver les traces de ce mariage collectif?

V

ORIGINES ET HISTOIRE
DES INSTITUTIONS POLYGYNIQUES.

Si la polygynie sororale dérive du mariage d'un groupe
de frères et d'un groupe de sœurs, on doit trouver les
témoignages, au moins à l'état de survivances, d'un lien
d'ordre matrimonial unissant beaux-frères et belles-sœurs.
Et, en effet, il en existe un qui est significatif. On sait que
le deuil est la principale caractéristique des relations de
parenté ; deux personnes qui portent le deuil l'une de
l'autre sont parentes et n'ont point le *connubium* : celui-
ci existe, au contraire, entre ceux qui ne se doivent point
de deuil. Or, on doit le deuil à toutes femmes entrées par
mariage dans la famille, épouses d'oncles ou de neveux ;
on n'en porte point pour les belles-sœurs, et celles-ci n'en
portent pas pour leurs beaux-frères (1).

Cette absence de deuil, les auteurs chinois la notent
avec insistance surtout dans le cas du frère cadet et de la
femme du frère aîné ; ils l'expliquent en disant qu'on a
voulu ainsi les éloigner l'un de l'autre (2). Il y a là, sans
doute, une trace du lévirat. En fait, on le voit à lire leurs
ethnographes, les Chinois ne manifestent une haine véritable que pour le mariage du frère aîné avec la veuve du
cadet (3) et leur histoire offre quelques exemples de ma-

(1) Cf. Yi li, Steele, II, p. 29.

(2) Li Ki, Couv., I, 162. 嫂叔之無服也．蓋推而遠
之. Cf. *Ibid.*, II, 551.

(3) Cf. B. E. F. E. O., VIII, p. 376.

riage avec la femme d'un collatéral (1) ; un seul, à vrai dire,
est un cas de lévirat. Le frère de Chouen, croyant celui-
ci mort, opère, avec des formules qui ont l'oir d'être
rituelles, l'attribution des biens de l'héritage : il prend
pour lui les deux filles de Yao épousées par Chouen (2).
Étant donné le développement du droit chinois en matière d'inceste, l'interdiction du lévirat ne peut pas
plus surprendre que l'absence des témoignages historiques sur cette pratique. Resterait à voir s'il n'est point
resté en usage dans le peuple ; sur ce point, nous sommes
mal renseignés : je ne connais qu'un fait, assez suggestif.
Bien que la loi chinoise punisse de mort le mariage avec
la veuve d'un frère, elle semble admettre des circonstances
atténuantes quand ce crime a été commis dans une famille
pauvre et paysanne (3).

Une autre série de faits mérite peut-être davantage l'attention : ce sont ceux qui sont relatifs aux interdictions anciennes qui séparent le cadet de la femme de l'aîné. Il leur
est interdit de s'adresser la parole (4) ; si l'un meurt, l'autre
n'a pas le droit de pratiquer, comme il faut le faire sur

(1) Cf. SMT, IV, 289. Tch'ong-eul épouse, après hésitation, (voir
Kouo yu, Tsin yu 8ᵉ d.) la femme abandonnée de son neveu Yu. De
même n° X.

(2) XXI, cas double, *polygynie sororale et lévirat.*

(3) Hoang, *Mariage chinois*, p. 59. Le lévirat est d'un usage constant
dans les tribus du Haut Tonkin qui ont tant de parenté avec les Chinois. Cf. B. E. F. E. O., III, 362 (note de M. Bonifacy). Chez les Lolo,
où il est permis de se marier avec les sœurs de sa femme, le lévirat
se pratique aussi ; *ibid.*, p. 566. — Chez les aborigènes du Kamtchatka,
l'usage de la polygynie sororale est complétée par celui du sororat et
du lévirat. Chez les Koryaks du N.-E. de l'Asie, la polygynie sororale
est interdite, mais le sororat et le lévirat sont obligatoires. Cf. Frazer,
Totemism and exogamy, IV, 147.

(4) Li Ki, Couvreur, I, p. 29 嫂叔不通問.

tout autre parent défunt, le rite de l'attouchement 撫 (1).
Il est impossible de ne pas rapprocher cette règle de celle
qui, de nos jours, interdit à la sœur cadette de la femme,
épouse présomptive du mari, de passer la porte de sa
maison (2). Il est clair que le beau-frère cadet et la belle-
sœur aînée agissent, l'un par rapport à l'autre, comme
deux fiancés (3). Les progrès de la morale, qui ont rendu
impossible leur mariage, n'ont point fait disparaître les
interdictions qui semblaient les éloigner l'un de l'autre.
Elles sont, en réalité, les traces d'usages anciens les auto-
risant à des rapports maritaux éventuels.

Si peu nombreux qu'ils soient (4), les indices d'une
pratique ancienne du mariage collectif que nous venons
d'énumérer suffisent à donner une pleine valeur à un fait
de langage, qui est le suivant. Une femme chinoise dési-
gnait de la même façon sa suivante, épouse secondaire de
son mari, et sa belle-sœur, femme du frère cadet du mari :
tels sont en effet les deux sens du mot 娣, dont le sens
premier semble être celui de sœur cadette (5). Or, la vieille

(1) *Ibid.*, II, 188 嫂不撫叔．叔不撫嫂.
(2) Voir p. 5-6. Voir Frazer, *Totemism*, IV, 148. une interdiction
analogue, dans l'archipel de la Louisiane, où se pratique le sororat.
(3) Comp. Howit, *The native Tribes of South East Australia*, p. 192 :
(tribu des Kurnandaburi où existe le mariage entre un groupe de frères et
un groupe de sœurs) « en somme, la sœur de sa femme et la femme de
son frère ne peuvent habiter dans le même camp et converser librement;
mais il existe entre eux, en secret, des relations maritales. » L'inceste
secret du beau-frère et de la belle-sœur passe pour être fréquent en
Chine.

(4) Le petit nombre de témoignages ne doit pas étonner. On peut se
convaincre en lisant le catalogue, dressé par Frazer, des faits de sororat
(*Totemism and Exogamy*, p. 139 à 149 du t. IV) que, lorsque celui-ci
est pratiqué, le lévirat est le plus souvent interdit ou inversement.

(5) Le Yi li, chapitre du deuil, donne à 娣 le sens de belle-sœur
cadette ; le Che King, XXVII, 9, lui donne le sens de suivante. Le Yi li,
Mariage, le sens de sœur cadette servant de suivante.

organisation plébéienne suppose un échange régulier des filles entre deux groupes exogames, régis chacun par le système de la parenté du groupe, et organisés de façon à former un couple de familles traditionnellement associées (1). Il paraît donc légitime de penser que le mariage primitif fut conçu comme l'union collective d'un groupe de frères à un groupe de sœurs.

On ne doit pas penser que cette union collective établissait entre tous les participants une promiscuité indistincte : ce serait laisser sans explications possibles les interdictions qui séparent beaux-frères et belles-sœurs. Il semble plutôt que de cette union résultait, en même temps que des droits secondaires rendant possibles à chacun et à chacune des rapports maritaux éventuels, un droit de préférence maritale par lequel étaient formés des couples individualisés. On sait, d'après Howit, que tel est le cas des nègres du sud-est australien (2). Il existe chez eux deux types de relations matrimoniales; l'une nommée Tippa-malku sert à former des ménages; l'autre, nommée Pirrauru, unit d'un lien secondaire un groupe d'époux Tippa-malku. Chaque femme devient une épouse Tippamalku avant de devenir une épouse Pirrauru; une Pirrauru est toujours une sœur de la femme ou une femme du frère; la relation naît de l'échange, fait par les frères, de leurs femmes; pendant l'absence du mari Tippamalku, le mari Pirrauru prend la femme du premier sous sa protection : deux frères mariés à deux sœurs vivent habituellement ensemble en un groupe matrimonial de quatre personnes. Les Kurnandaburi pratiquent les mêmes usages, mais, chez eux, existent en même temps que des rapports maritaux entre beaux-frères et belles-sœurs

____

(1) Voir page 45.
(2) Howit, *op. c.*, pp. 181 sqq. Tribus Urabunna, Dieri, Kurnandaburi.

(époux Pirrauru) une interdiction qui leur défend de se voir en public ou de converser librement (1). Chez les Todas, le mariage normal consiste en une polyandrie fraternelle : mais il n'est pas rare que celle-ci se double de polygynie sororale; un groupe de frères forme avec un groupe de sœurs un ensemble matrimonial dans lequel les rapports d'ensemble n'excluent point les relations particulières de couples conjugaux. Les deux groupes ainsi réunis en un ensemble matrimonial sont composés d'enfants de frères et de sœurs (matchuni) (2).

Je pense que les Chinois, avant de passer, non pas comme les Todas à la polyandrie fraternelle, mais à la polygynie sororale, ont pratiqué un mariage de groupe analogue à ceux qui viennent d'être décrits. Cette hypothèse est, à mon sens, la seule qui puisse rendre compte des cérémonies par lesquelles se contractait un mariage noble.

Laissés à eux-mêmes, les époux prétendus eussent été incapables de réussir leur rapprochement matrimonial ; il fallait à l'un et à l'autre, pour y arriver, la collaboration d'un suivant et d'une suivante : ceux-ci, par une action croisée, 交 (3) ou 錯 (4) ouvraient la voie 道其志 à leur union sentimentale (5). Le suivant du mari aidait la femme, la suivante aidait le mari à opérer les lustrations préparatoires (6); la première disposait la natte où le mari s'asseyait pour le repas de noces (7), l'autre étendait

---

(1) Sur les mêmes faits voir Spencer and Gillen, *The native Tribes of Central Australia*, 62 sqq. et 559.
(2) Rivers, *The Todas*, p. 503-512.
(3) Cf. XXXIII.
(4) Cf. XL.
(5) XXXIII *a*.
(6) XXXIII et XXXIII *a*.
(7) XXXIII.

celle de la femme (1); tous deux préparaient ensemble la couche nuptiale, arrangeant l'un la place de l'époux, l'autre celle de l'épouse (2). La suivante aidait le mari à se dévêtir ; la femme remettait ses vêtements au suivant du mari (3). Dans une société, ou la séparation des sexes est un principe fondamental, l'intimité particulière des rapports établis, par ces pratiques, entre des personnes de sexe différent ne peut se comprendre que s'il doit exister entre elles des rapports maritaux ; et, en effet, c'est grâce à ces pratiques que la suivante de la femme est rapprochée du mari et en devient une épo: :e secondaire; les mêmes pratiques ne donnaient-elles pas au suivant du mari des droits secondaires sur l'épouse?

Chez les populations aborigè..es du Sud de la Chine dont la civilisation a tant de parenté avec celle des Chinois, se retrouve aussi dans les coutumes matrimoniales l'usage des garçons et des filles d'honneur. Dans le mariage Man Khoang, la fille est accompagnée de deux amies, le garçon de deux amis (4); chez les Lolo, le mari est accompagné par un camarade, la femme par une amie ; le camarade du mari se conduit en tout comme lui; chez les Thais les compagnons de chacun d'eux sont en plus grand nombre, et en nombre égal de part et d'autre : on leur donne le nom de *pai lan* (aller ensemble) (5). Dans tous ces usages, le Cᵗ Bonifacy voit une trace du mariage par groupe. Les coutumes des T'ou jen de la région de Long Tcheou sont un peu différentes : ils professent plus strictement que les Lolo la règle de la séparation des sexes : mari et femme ne sont aidés que par des suivantes; celles-ci sont prises

(1) XXXIV.
(2) Cf. XXXVI.
(3) Cf. XXXV.
(4) B. E. F. E, O., VIII. 546.
(5) *Ibid.*, 545.

dans leurs familles respectives. Le mariage consiste principalement, comme chez les Chinois, dans un repas communiel des époux. Avant qu'il n'ait lieu, la suivante du mari et la fiancée font le simulacre d'un repas dans la maison de celle-ci ; la suivante de la femme en fait ensuite un autre dans la maison du mari (1). Il est clair qu'il s'agit là de survivances et que l'usage primitif s'est déformé, d'une part, pour ne plus mettre en contact des personnes de sexe différent, d'autre part, pour empêcher, en ne faisant que le simulacre d'un repas, les effets de la communion alimentaire.

Or, dans le mariage des nobles chinois et contrairement aux principes de la morale noble, on ne prenait point les mêmes précautions : qu'est-ce à dire, sinon qu'il était dans l'essence du contrat matrimonial d'être collectif et de ne pouvoir se conclure qu'entre un groupe d'hommes et un groupe de femmes ? L'époux et l'épouse prenaient part à un repas composé de façon à symboliser la dualité et l'union du couple conjugal; par son effet, ils devenaient deux moitiés unies et comme un seul corps. Après eux le suivant et la suivante achevaient le repas (2) : la suivante mangeait les restes du mari, et communiait ainsi secondairement avec lui; par ce procédé, elle s'habilitait à devenir une épouse de second rang ; elle avait droit, tant que vivait l'épouse principale, à entretenir avec le mari, sans autant d'intimité que l'épouse, des rapports conjugaux ; la femme principale morte, elle la suppléait absolument. Le suivant se liait de même avec l'épouse, dont il mangeait les restes. Du même coup, il se rapprochait de la suivante et de même manière que le mari s'était rapproché de l'épouse : suivant et suivante, pour consommer les restes, se pla-

(1) Cf. B. E. F. E. O., VII, 278 sqq.
(2) XXXVII.

çaient côte à côte sur les nattes conjugales (1), et bénéficiaient conjointement des effets symboliques résultant de l'ordonnance du repas des noces. Ensemble de rites incompréhensible, s'ils ne se rapportent point à un mariage de groupe, si le suivant n'est point uni à l'épouse d'un lien secondaire analogue à celui qui unit le mari et la suivante, si le suivant et la suivante ne sont point unis d'un lien principal analogue au lien matrimonial que la communion directe crée entre les époux.

Dans le mariage noble du temps de la polygynie sororale, la suivante est la cadette de l'épouse, le suivant n'est qu'un figurant pris parmi les domestiques du mari. Celui que l'on choisit, c'est le cocher. C'est lui qui conduit le char de l'épousée de la maison natale jusqu'à celle du mari (2). D'après ce que les chansons chinoises nous apprennent des mœurs populaires, monter au même char en se joignant les mains, était, aux temps anciens, le symbole même du mariage (3). Le mari venait en char chercher l'épouse et son trousseau (4); les rênes bien tendues, comme les cordes de luth, auxquelles on les compare, étaient un emblème du bonheur conjugal espéré (5); rien qu'à monter en char, l'angoisse amoureuse se dissipait (6). Plus tard, avec l'accroissement de dignité que la civilisation féodale donna à l'homme, le mari s'interdit de jouer auprès de l'épouse un rôle considéré comme étant celui d'un subalterne; il se fit remplacer par un domestique, se bornant lui-même à conduire le char pendant trois tours

(1) XL.
(2) XXXII.
(3) *Fêtes et chansons*, XII, XXXVI, XXXV, XLI, L., 7, LVIII, 13-14, LX, 1-2 et 26 sqq.
(4) *Ibid.*, LXVI.
(5) *Ibid.*, LXI, 26 sqq.
(6) *Ibid.*, XLI, inf.

de roue (1). N'est-il pas remarquable que ce soit un cocher
qu'on ait précisément choisi comme figurant pour conserver aux cérémonies nuptiales la symétrie qui leur venait
de leur caractère ancien de contrat collectif et dont la pré-
sence d'une suivante exigeait le maintien (2). Ne doit-on
pas penser qu'aux temps anciens, quand l'époux et l'épouse
montaient au même char, les chars de l'escorte, garnis de
suivantes, étaient conduits par leurs propres époux ? Et
quels pouvaient être ces époux des sœurs cadettes de la
mariée, puisque cousins et cousines issus de frères et de
sœurs se mariaient ensemble obligatoirement, sinon les
cadets du mari ? (3).

Il y a donc tout lieu de penser que la polygynie sororale dérive d'un mariage collectif unissant un groupe de
frères à un groupe de sœurs, de manière qu'ils forment
par deux des couples conjugaux, mais de manière aussi
que chacun des époux possède sur chacune des épouses
des droits secondaires. Comment, de ce mariage, les
usages polygyniques ont-ils pu sortir ? Ce qui peut l'expliquer, ce sont les modifications survenues dans l'institution
familiale.

La principale de ces modifications est l'apparition d'une
autorité domestique. La famille a cessé d'être un simple

(1) Trois, succédané de la totalité.

(2) Le mot qui signifie cocher, conduire en char 御 est le même
qu'on emploie pour exprimer les rapports sexuels. Étant donné l'état
des études étymologiques en chinois, je me borne à noter le fait, sans
essayer d'en rien conclure. On notera que, seule, la Suivante attend à la
porte de la chambre nuptiale, XXXVIII ; le cocher n'est point men-
tionné : mais les glossateurs ont l'air de croire qu'il reste auprès d'elle.
S'il n'en était pas ainsi ce serait le seul moment des cérémonies où la
symétrie n'est pas conservée : au dernier moment, il se révèle que le
cocher n'est qu'un figurant.

(3) Voir un ensemble de faits symétriques dans *Reports of the Cam-
bridge Anthropological Expedition to Torres Straits*, pp. 237 et 241 sqq.

groupement de générations formant un groupe homogène ; elle est devenue un groupement hiérarchique de
lignées obéissant au premier-né des ascendants, au chef
de la lignée directe. Ce chef de la famille est seul qualifié
pour la représenter ; il conclut en son nom les alliances
matrimoniales qui maintiennent une union avec les
familles traditionnellement associées. Pour manifester
qu'elles sont par nature stables, définitives et intégrales,
ces alliances se concluent, comme jadis, à l'aide de prestations qui signifient un engagement absolu et qui confè-
rent des garanties durables ; le chef de famille reçoit un
lot de filles suffisant pour qu'il soit assuré de posséder
toujours une collaboratrice féminine dans l'exercice de
son autorité domestique et pour que ses alliés n'aient point
à craindre de lui voir rechercher d'autres alliances. Plus
est élevé son rang social, plus on doit dépenser pour
obtenir son alliance et la conserver : un protocole fixe,
comme toutes les autres prestations féodales, le nombre
de femmes auquel donnent droit chaque rang nobiliaire
et l'étendue de chaque influence seigneuriale. Comme le
régime féodal ne va point sans un certain jeu des
alliances, et comme le chef de famille garde pour lui les
femmes qu'il reçoit et ne les partage plus avec ses parents,
le nombre de ces femmes est limité à deux sœurs. Pour
les seigneurs dont l'influence rayonne dans toute la confédération, toutes les branches familiales dispersées dans
les différents pays concourent à l'alliance et trois d'entre
elles lui fournissent un lot d'épouses. Dans chacun de
ces lots figure une nièce, fille du frère aîné, qu'on envoie
pour signifier que l'alliance sera conservée lorsque le
pouvoir passera à la génération inférieure.

Le chef de famille est revêtu d'une autorité qui rend
sacré tout ce qui l'approche ; ce qu'il s'approprie ne peut
être qu'à lui. Ses frères, qui le respectent à l'égal d'un

père, n'osent plus exercer les droits secondaires qu'ils possédaient dans le droit ancien sur l'épouse de l'aîné : les règles anciennes qui les écartaient d'elle comme d'une fiancée prennent l'allure d'interdits catégoriques. La femme est tellement associée au pouvoir cultuel du mari, tellement destinée à former avec lui un couple d'ancêtres, que l'on voit, en dépit de mœurs humaines, tenter de s'établir la coutume de la sacrifier à la mort du mari (1) ; elle doit en tout cas garder le veuvage : le lévirat est interdit.

La sœur cadette vient d'ordinaire avec l'aînée épouser le mari commun ; elle tient la place de la première épouse à la mort de celle-ci. Mais on voit commencer la coutume de garder dans la maison natale la cadette trop jeune pour servir d'épouse (2) ; elle est engagée au mari de l'aînée par le seul fait du mariage de celui-ci avec sa sœur : ce sont les débuts du sororat, qui deviendra un fait juridique indépendant seulement au moment où les épousailles des deux sœurs se feront par des contrats successifs, tels que le premier prédétermine le second. La liberté plus grande des alliances matrimoniales rend possible, au moins pour les nobles ordinaires, la conclusion d'un second mariage dans une famille autre que celle dont venait la première épouse ; les droits de cette famille à ne point voir rompre l'alliance conclue amènent à considérer que la deuxième femme est simplement substituée à la première et qu'elle garde à l'égard de la famille de celle-ci les mêmes devoirs que sa devancière. Telle est l'origine du succédané de sororat pratiqué de nos jours.

(1) Cf. XIX et Li Ki, I, p. 226.
(2) Cas de Chou Ki, cf. II.

VI

CONCLUSION.

INFLUENCES LES USAGES POLYGYNIQUES
SUR L'HISTOIRE
LES INSTITUTIONS LOMESTIQUES

Si le primitif mariage de groupe s'est transformé en polygynie sororale et non en polyandrie fraternelle, c'est parce que l'avènement d'une autorité domestique de type seigneurial, en même temps qu'elle plaçait les cadets dans la situation de vassaux de l'aîné, conférait à celui-ci le droit exclusif de disposer des femmes fournies en garantie par la famille alliée. Celle-ci, d'autre part, et cet aspect inverse est important, avait tout avantage à placer auprès du chef de famille toutes celles de ses enfants qu'elle envoyait pour représenter son influence. Si le grand nombre d'épouses fait éclater la gloire du mari, le prestige de la femme et celui de sa famille dépend de l'abondance de suivantes (1). Un seigneur n'avait pas à demander aux familles seigneuriales portant le même nom que celle où il prenait femmes de lui fournir les suivantes réglementaires (2). Elles venaient spontané-ment (3), le terme rituel est significatif 來媵. C'était un devoir de solidarité entre familles de même nom que fournir de suivantes celle de leurs filles qui se mariait. Les suivantes étaient les auxiliaires de l'épouse principale et formaient avec elle un groupe solidaire, s'entr'aidant,

(1) Cf. III j.

(2) 不來媵. Cf. III d.

(3) Cf. III.

défendant les mêmes intérêts (1). Par ce côté la polygynie sororale a exercé une grande influence sur l'histoire de la famille chinoise, y conservant les effets de la parenté de groupe, dont elle était elle-même une conséquence, même après l'apparition de la parenté individuelle.

Par l'effet de la poiygynie sororale, le gynécée conserve une homogénéité incomparable, le gynécée 內 ou plutôt la famille, car la place des hommes est au dehors 外, dans les occupations de la vie publique (2). La femme principale 嫡 y jouit d'une autorité naturelle qu'elle doit à son rang d'aînée ; elle dirige les autres femmes dans leurs travaux et en toutes choses : elle est leur Dame 女君 comme le mari est un Seigneur domestique. Si celui-ci a une autorité princière, les huit suivantes forment à la femme une cour de vassales organisée hiérarchiquement. L'épouse exerce une autorité directe sur sa nièce et sa cadette ; elle commande toutes les autres nièces et cadettes par l'intermédiaire des deux suivantes principales 媵. Dans la cour royale, la reine commande aux trois princesses 夫人 qui dirigent chacune trois femmes du troi-

(1) Cf. XXVIII et XXIX.

(2) Je ne puis qu'indiquer ici un fait de haute importance ; l'unité de la partie féminine de la famille s'oppose à une espèce de dualité qui divise les parents mâles, les agnats, en deux groupes (voir ce qui a été dit plus haut de l'ordonnance du temple ancestral). Ce fait sociologique doit être rapproché d'un autre : il semble qu'anciennement la succession au pouvoir se soit faite par le mariage. Chouen épousa les filles de Yao, puis lui succéda. Ce sont des femmes, K'ai yuan, Kien Ti qui sont à l'origine des dynasties. La parenté fut d'abord utérine. Il semble que l'unité familiale ait été surtout représentée par la dynastie que formaient les maîtresses de maison : les mères s'efforçaient toujours de marier leur fils dans leur famille natale.

sième rang 嬪, lesquelles ont autorité sur trois femmes
du quatrième rang 世婦, etc.

De cette autorité seigneuriale de la femme principale
dérive son pouvoir maternel. Le bon ordre qu'elle établit
dans le gynécée est le principe des maternités heureuses
de toutes les suivantes. C'est ainsi que, grâce à la fécon-
dité que ses suivantes devaient à son bon gouvernement,

T'ai Sseu (1) eut cent fils. On considère la Dame 女
君 comme la mère véritable, comme la matrone 君母 de
la famille ; la maternité réelle n'est pas une cause véritable de parenté. Non-seulement le deuil que les enfants
doivent porter pour la matrone est bien plus important
que celui qu'ils prennent pour leur mère naturelle (2),
mais au cas où, par dérogation aux usages polygyniques,
les deux femmes n'ont pas les mêmes parents, la seule
maternité juridique peut créer un lien entre les enfants
et les grands-parents paternels ; tous, quelles que soient
leurs mères, ne portent que le deuil des parents de
la matrone (3). Les principes de la parenté de groupe
continuent à dominer si fortement la vie du gynécée que,
peut-on dire, les sentiments maternels n'y prennent point
cet aspect exclusif et jaloux qui semble leur caractéristique naturelle. Les auteurs (4) affirment que posséder
trois épouses de la même famille est un bien parce que,
si l'une d'elles a un enfant, il y a trois personnes pour en
prendre soin, chacune aussi bien que si elle l'avait enfanté

(1) Voir Che King, Commentaires des pièces du Tcheou nan.
(2) Cf. Steele, II. p. 37.
(3) Cf. Steele, II, pp. 35 et 39.

(4) Po hou t'ong, Mariage. 一人有子．三人共之若
己生之．

elle-même. Et ceci n'est pas une affirmation de juriste
pressé de justifier un usage. C'est un fait. Nombreuses
so ' les anecdotes historiques (t) où l'on voit une mère
confier son enfant à son aînée ou à une suivante mieux en
cour : c'est que le prestige de toutes les femmes est intéressé à la maternité de chacune d'entr'elles ; un enfant est
un principe d'influence dont tire indistinctement profit
tout le groupe de femmes (2). Dans un gynécée recruté par
la polygynie sororale, la maternité n'est point une occasion
de sentiments exclusifs et de discorde : elle ne le devient
que lorsque les règles de la polygynie ne sont plus respectées et qu'elle se transforme en polygamie : alors se
montrent de terribles rivalités maternelles; mais, et cela
est significatif, ce n'est point la mère naturelle qui se
montre toujours la plus âpre (3) à lutter pour son enfant,
c'est le plus souvent la femme principale du groupe de la
mère, ou celle à qui les circonstances ont donné le plus
d'autorité.

Les ethnographes s'étonnent souvent, et les ethnographes chinois modernes tous les premiers, à constater
que les usages polyandriques ou polygyniques n'en-
traînent point de jalousie (4). Au contraire, pour les
anciens auteurs chinois, le plus grand mérite de l'institution était d'empêcher la jalousie (5). Les sentiments natu-
rels de deux sœurs mariées aux même époux ne leur permettent point de devenir jalouses l'une de l'autre. Il suffit

(1) Par ex. XII.

(2) Cf. Un ethnographe chinois note un fait symétrique : chez les Kou
Tsong, qui pratiquent la polyandrie, les enfants sont communs à tous les
maris. B. E. F. E. O., VIII, 373.

(3) Cf. XII. Voir l'histoire tout au long, dans SMT, IV, 68.

(4) Les frères, mariés à une même épouse, chez les Kou Tsong « ne se
querellent ni se battent » B. E. F. E. O., VIII, 373.

(5) Po hou t'ong, Mariage. 其心不相嫉妒也.

pour éviter les conflits sexuels que, par l'autorité de la
Dame, l'ordre du gynécee soit respecté, c'est-à-dire que
chacune des épouses obtienne exactement du mari les
faveurs auxquelles son rang lui donne droit. Chacune des
femmes connaît d'avance, par la place qu'elle occupe dans
le lct des suivantes, tout ce que sera sa vie sexuelle, si la
surveillance de la femme principale s'exerce comme il se
doit. On peut voir, à lire les réglementations (1) de la vie
sexuelle d'un gynécée, telles que les auteurs chinois nous
les ont conservées, que le devoir conjugal y est conçu
d'une façon stricte ; aucune possibilité n'est laissée ni aux
femmes ni au mari de s'abandonner aux caprices de la
passion ; le. rapprochement sexuel est considéré comme
une obligation maritale qui ne laisse place à aucun jeu :
chaque femme doit approcher du mari au jour convenable
et a l'heure prescrite ; la fréquence, la date, la pompe (2)
de ces rapprochements sont fixées par un protocole impérieux. De même qu'il n'y a point de choix libre dans le
mariage, il n'y a point de caprice dans la vie matrimoniale. Dans leurs rapports entre elles, comme dans leurs
rapports avec l'époux, les femmes sont tenues d'obéir à
une hiérarchie qui leur paraît trop naturelle, puisqu'elles
ont appris à la respecter dès l'enfance, pour permettre
l'essor d'aucun sentiment personnel.

Tout change dès que les règles de la polygynie sororale
ne sont plus respectées. Les femmes venues de familles
différentes ne forment plus un corps homogène ; il n'y a
plus entre elles une hiérarchie naturelle et qui s'impose à
leur cœur ; elles ne sont plus des aînées ou des cadettes
habituées dès le jeune âge à obéir ou à commander ; elles
représentent les intérêts de familles diverses ; elles ont

(1) Cf. XLIV.
(2) Voir *Fêtes et chansons*, n° LXVII.

chacune l'attrait d'une éducation particulière et d'une race différente. Entre elles se posent des questions de préséance et de prestige et chacune est armée à sa manière pour tenter de triompher de l'autre. C'est alors le règne des querelles de gynécée qui ne sont en somme que des conflits d'influence familiale et le retentissement dans la vie privée des querelles publiques, résultats de l'instabilité des alliances seigneuriales. En même temps que les seigneurs épousent dans diverses familles pour accroître le rayonnement de leur prestige, ils cherchent à donner un prestige plus grand à leur autorité par la manifestation de leur luxe : ils se fournissent d'un harem splendide; ils s'entourent d'une cour éclatante de femmes ; on leur donne et ils achètent des concubines, en grand nombre et les plus belles possible. Celles-là ne sont pas capables, comme les épouses des âges où l'on se conformait aux rites (1), d'attendre dans la retraite du gynécée le temps fixé pour approcher du seigneur : rien ne les retient d'user de leurs charmes pour séduire le maître ; elles cherchent à plaire, à faire naître un amour pour leur personne, une passion nourrie de sentiments particuliers, qui sera exclusive et qui provoquera la jalousie. Dans la poésie de cour, éclose dans les harems somptueux, apparaissent des sentiments personnels, absents de la vieille poésie populaire : ils correspondent à l'apparition des drames passionnels déjà fréquents dans les hautes classes de la noblesse. Et pourtant, même aux temps de l'anarchie féodale, l'influence des principes sur lesquels reposait la polygynie sororale continuait à se faire sentir et, dans son fond, le lien matrimonial déterminait si peu de sentiments personnels et exclusifs que les épouses continuaient à se charger d'introduire, sous

(1) Voir *Fêtes et chansons*, commentaires du n° XXXIX.

leur patronage, auprès de leur mari, les femmes nouvelles qu'on leur offrait (1).

La possibilité qui était laissée aux Nobles de se marier plus d'une fois fut apparemment l'origine d'une vie passionnelle dans les classes moyennes de la société chinoise : en effet, les seuls accents personnels qu'on trouve dans les pièces poétiques qui ne sont point des poésies de cour, ce sont des épouses délaissées pour une épousée nouvelle qui les font entendre. Mais, précisément parce que cette poésie personnelle resta sans développement, il est à présumer que la vie passionnelle ne prit jamais grande importance : en fait, la vie de ménage ne cessa pas d'être réglée comme aux temps anciens ; ce que l'on continua d'aimer chez sa femme, ce fut sa famille et l'alliance qu'elle apportait, si bien que, de nos jours encore, il est fréquent qu'un mari, heureux en ménage, s'il devient veuf, croie remplacer sa femme en en prenant la sœur — et nous fournisse ainsi la démonstration que les sentiments impliqués par l'antique organisation domestique et conservés par le tour que donne à la vie conjugale l'institution de la polygynie sororale, sont demeurés assez puissants pour déterminer des retours à l'usage dont ils expliquent l'origine.

(1) C'est par l'intermédiaire de l'épouse principale que Wou Kouang introduit sa fille auprès du roi Wou Liug. Cf. XX 因夫人內其女.

TABLE DES MATIÈRES

ANGERS. — IMPRIMERIE P. GAULTIER ET A. THÉBERT, 4, RUE GARNIER